PPP实战系列丛书

PPP项目合同系列谈

刘飞 等◎著

PPP MODEL

INTERPRETATION ON PPP CONTRACT

经济日报出版社

推荐语

PPP 项目合同是 PPP 项目管理的基石，刘飞律师在这方面做了非常有益的探索。

——财政部 PPP 中心主任　焦小平

这个以律师为主撰写的系列谈，就具体项目的实施来谈工作认识，反映了许多现实情况和工作经验，集合了过去一段时间里部分从业人员所做所想。这个系列谈，有助于加深从业人员对我国推行政府与社会资本合作相关情况的了解和认识。

——清华大学公共管理学院教授　于安

2014 年我有幸作为项目经理，在国家发展改革委投资司指导和 PPP 专家们支持下，研究完成《政府和社会资本合作项目通用合同指南（2014 年版）》，并随发改投资 [2014]2724 号文一并发布，成为我国第一部规范 PPP 合同编写的专业指南。在 PPP 项目咨询实践中，我却从来不敢独立撰写 PPP 合同，因为我不是执业律师，但深知 PPP 合同内容复杂，专业性和实践性强，责任重大。刘飞律师团队完成的《PPP 项目合同系列谈》，从一个专业律师的视角，结合案例系统地解析了 PPP 项目各个阶段、常见领域、不同专题的合同实务操作要点，无愧一本呕心沥血的 PPP 合同“葵花宝典”。

——中国国际工程咨询公司研究中心副主任、教授级高工　徐成彬刘飞律师领衔的律师团队编著的《PPP项目合同系列谈》全面深入地解读了PPP项目实施的关键和核心——PPP项目合同的重点和难点，前沿、专业、实用、可操作，应该是PPP从业人员不可多得的实用参考用书。

——中交城市投资控股有限公司党委书记、董事长　刘成云

PPP项目的合同是各方分清责权利的关键文件，刘飞律师领衔的锦天城律师精英团队历时近一年，倾力打造了《PPP项目合同系列谈》，这是目前为止最全面、最专业、最贴合实际的法律文件，成为我们PPP一线操作团队必备的法律手册。

——龙元明城投资管理（上海）有限公司总经理　颜立群

《PPP项目合同系列谈》一直是PPP知乎公众号上最受读者欢迎的栏目之一，与刘飞律师团队合作的一年里，无数次被他们字斟句酌的专业和挑灯夜战的敬业所打动。PPP项目合同的质量是PPP项目得以顺利实施的关键。由一线律师倾心分享的干货如今汇集成册，是业界的幸事，实践者的福音。

——亚洲开发银行前高级PPP官员　PPP知乎创始人
北京明数科技有限公司首席执行官　肖光睿

本书是近两年PPP知乎最火热的系列谈之一。所以热，因为它是作者大量实操案例的总结和提升，对PPPer的项目实践具有很好的指导价值。我一直认为，金融机构要做好PPP项目融资和资产证券化等，先要学习PPP，本书就是一本好的教材。

——上海浦发银行总行PPP中心副主任　郑大卫

自序

PPP 项目合同是 PPP 项目的核心和基石。它是 PPP 项目交易结构、风险分配机制、各方商业计划和利益的最终落实，是各方参与主张权利、履行义务的根本依据，也是 PPP 项目全生命周期顺利实施的重要保障。

我国正处 PPP 快速发展时期，PPP 项目百花争艳，让人感到乱花渐欲迷人眼，各种纷繁复杂的声音也接踵而至，仿佛剪不断、理还乱。经国家发展改革委投资司韩志峰副司长提议，思虑再三，虽然业务压力繁重，我们还是决定静下心来、抽出时间，对 PPP 项目合同进行从头至尾的梳理解读，并针对国内一些典型领域的实际案例进行合同解构和分析。我们希望，这一方面能够促使我们对多年的 PPP 执业经验做出系统总结和沉淀，另一方面也可以抛砖引玉，供各位读者参考体会。

《PPP 项目合同系列谈》从 2016 年 9 月份开始分篇拟

就，在PPP知乎的公众号上每两周推出一篇，这是对我们自己、也是对所有读者的一份沉甸甸的承诺。由于一方面要保质保量地按时完成业务工作，另一方面要尽量尽善尽美地如期完成每一篇文稿，系列谈每两周的推送的确给我们带来了相当大的压力。我还能记得在准备每一篇系列谈时团队集思广益构架提纲的激烈讨论，我还能记得在每一篇系列谈终稿前团队字斟句酌补漏查遗的认真严谨，在将二十二篇系列谈交付出版社前，我们又对每一篇文稿进行了进一步的补充和完善，力求为所有读者提供最为全面、客观的观点。这二十二篇系列谈的每一篇都经历了团队成员不辞辛劳的挑灯夜战，团队每一位成员都为这二十二篇系列谈倾注了极大的心智心血，而支撑我们完成每一篇文稿的唯一动力就是与所有读者分享PPP项目合同知识和经验的乐趣和成就。

从2016年9月到最终向出版社交付稿件的2017年8月，是整整11个月的时间，这是从一个简单的决定到一本沉甸甸的书稿的过程，我想感谢参与编写的每一位团队成员的辛勤付出，感谢上海市锦天城律师事务所厦门分所刘晓军、张帆、邢丽苗和余韵律师的积极参与和宝贵建议，感谢PPP知乎小编的悉心照料，更要感谢每一位关注着系列谈读者的真诚陪伴。

不积跬步无以至千里，水滴石穿水聚成河，在决定推出《PPP项目合同系列谈》之初，我们希望能够始终本着务实的态度和作风，在逐步拟就和推出系列谈的过程中，使我们自己，以及每一位参与阅读、互动的读者都能有所获得、有所感悟、有所长进，从团队这一年来稳步的成长和我们所得到的读者的积极反馈来看，我相信我们已经做到了这一点。我们还希望这本系列谈中对PPP项目合同的探索和总结能够有幸对我国PPP模式的健康发展奉献绵薄之力，希望我们真的能有此份幸运。

目录 CONTENTS

第一章　合同主体……1

一、政府方……1

二、社会资本主体……4

第二章　项目范围……11

一、合作内容……11

二、标的项目的范围和内容……13

三、排他性安排……17

第三章　合作期限……19

一、合作期限的期限……20

二、合作期限的延长与续期……22

三、合作期限的设置……24

第四章　前提条件……27

一、英国《标准化 PF2 合同》中的“前提条件”……27

二、澳大利亚《国家 PPP 指南》中的“前提条件”……28

三、我国《PPP 项目合同指南（试行）》中的“前提条件”……29

四、实践中常遇到的有关“前提条件”的问题……30

第五章　项目用地……33

一、土地所有权、使用权和土地用途分类……33

二、国有建设用地供应……36

三、国有土地使用权的取得……46

四、PPP 项目操作的土地相关问题……49

第六章　项目前期工作……57
一、存量项目前期工作……57
二、新建项目前期工作……60
三、前期工作费用承担……66
第七章　项目融资……67
一、融资金额……67
二、融资方式……68
三、融资方的介入权……73
第八章　项目建设……75
一、设计……75
二、监理……78
三、项目建设范围……80
四、建设工期及延期……80
五、工程建设项目供应商的选择……81
六、变更……83
七、交（竣）工验收……85
八、建设项目总投资的确定……86
第九章　项目运营……91
一、项目运营的责任划分……91
二、运营的开始……93
三、运营的范围和内容……94
四、项目运营的标准……95
第十章　项目公司设立与股权变更……99
一、项目公司的类型……99
二、股东协议与公司章程……101
三、项目公司的设立……102
四、项目公司的股权变更……103

第十一章 回报机制…………………………………………… 109
一、回报机制的分类 ………………………………………… 109
二、付费机制 ………………………………………………… 110
三、价格调整机制 …………………………………………… 118
四、绩效考核机制 …………………………………………… 121
第十二章 履约担保和保险………………………………………… 123
一、履约担保 ………………………………………………… 123
二、保险 ……………………………………………………… 129
第十三章 违约、提前终止与补偿………………………………… 134
一、违约 ……………………………………………………… 134
二、提前终止与补偿 ………………………………………… 137
第十四章 政府方监管与移交……………………………………… 144
一、政府方的履约监管 ……………………………………… 144
二、项目的移交 ……………………………………………… 148
第十五章 国外 PPP 法律体系框架与英国标准化 PF2 合同简介 … 155
一、国外 PPP 法律体系和框架 ……………………………… 155
二、英国标准化 PF2 合同 …………………………………… 157
三、澳大利亚 PPP 政策和指南 ……………………………… 168
四、法国 PPP 立法 …………………………………………… 170
五、日本 PFI 立法……………………………………………… 171
六、新加坡 PPP 手册 ………………………………………… 171
第十六章 地下综合管廊 PPP 项目合同分享 ………………… 173
一、关于综合管廊试点城市专项财政补助在 PPP 项目中的补贴方式的约定 ………………………………………………… 173
二、项目付费机制的设置 …………………………………… 174
三、关于工程变更降低成本的收益分享机制的约定 ……… 179
四、关于项目改扩建的约定 ………………………………… 180

五、关于交叉施工代建的约定 …… 180
六、初步设计和施工图设计方案的审定 …… 181

第十七章　医养融合 PPP 项目合同分享 …… 182

一、合同主体 …… 182
二、合作内容 …… 183
三、合作方式 …… 184
四、合作期限 …… 184
五、项目建设 …… 185
六、项目运营与维护 …… 186
七、项目回报机制 …… 188
八、绩效考核体系 …… 189
九、提前终止 …… 190

第十八章　园区开发 PPP 项目合同分享 …… 191

一、合同主体 …… 191
二、合作内容 …… 192
三、合作期限 …… 192
四、前期工作 …… 193
五、项目建设 …… 194
六、项目运营 …… 195
七、项目回报机制 …… 196
八、绩效考核体系 …… 198
九、提前终止与终止补偿 …… 200

第十九章　智慧城市 PPP 项目合同分享 …… 202

一、合作内容 …… 202
二、合作期限 …… 203
三、项目用地 …… 204
四、项目建设供应商的选择 …… 204
五、项目总投资的确定 …… 204
六、设备更新 …… 205

七、竣工验收 …… 206
八、回报机制 …… 206
九、绩效考核 …… 208

第二十章 水环境综合治理 PPP 项目合同分享 …… 210

一、合同主体 …… 210
二、合作内容 …… 211
三、合作期限 …… 212
四、前期费用 …… 212
五、项目建设 …… 213
六、项目运营维护 …… 214
七、绩效考核 …… 214
八、项目回报机制 …… 216
九、专项资金 …… 218
十、违约、提前终止及移交 …… 219

第二十一章 海绵城市 PPP 项目合同分享 …… 220

一、合同主体 …… 220
二、合作内容 …… 221
三、合作期限 …… 222
四、前期费用 …… 222
五、项目建设 …… 223
六、项目运营维护 …… 224
七、运营维护绩效考核 …… 224
八、项目回报机制 …… 225
九、专项资金支持 …… 227
十、违约、提前终止及移交 …… 227

第二十二章 TOT 项目 PPP 项目合同分享 …… 229

一、TOT 项目 PPP 项目合同体系 …… 230
二、PPP 项目合同要点解析 …… 231

三、特许经营授权书要点解析 …… 233
四、经营权转让协议要点解析 …… 236
五、污水处理服务协议要点解析 …… 238

第一章　合同主体

PPP 项目合同的合同主体为政府主体和社会资本主体，而社会资本主体则可以是社会资本方或为项目专门设立的项目公司[①]。

一、政府方

法律文件	政府方
《政府和社会资本合作模式操作指南（试行）》，以下简称“财金［2014］113”	政府或其指定的有关职能部门或事业单位可作为项目实施机构，负责项目准备、采购、监管和移交等工作。 公示期满无异议的项目合同，应在政府审核同意后，由项目实施机构与中选社会资本签署。
《国家发展改革委关于开展政府和社会资本合作的指导意见》，以下简称“发改投资［2014］2724”	按照地方政府的相关要求，明确相应的行业管理部门、事业单位、行业运营公司或其他相关机构，作为政府授权的项目实施机构。 项目实施机构和社会资本依法签订项目合同，明确服务标准、价格管理，以及评估论证等内容。
《基础设施和公用事业特许经营管理办法》，以下简称“特许经营管理办法”	县级以上人民政府应当授权有关部门或单位作为实施机构负责特许经营项目有关实施工作，并明确具体授权范围。 实施机构应当与依法选定的特许经营者签订特许经营协议。
《PPP 项目合同指南（试行）》，以下简称“项目合同指南”	本指南中，政府或政府授权机构作为 PPP 项目合同的一方签约主体时，称为政府方。

① 除非文意另有所指，本书下文中的“社会资本方”均指中选社会资本方或为项目专门设立的项目公司。

续表

法律文件	政府方
《政府和社会资本合作项目通用合同指南（2014年版）》，以下简称“通用合同指南”	签订项目合同的政府主体，应是具有相应行政权力的政府，或其授权的实施机构。
《国家发展改革委关于印发〈传统基础设施领域实施政府和社会资本合作项目工作导则〉的通知》，以下简称“发改投资［2016］2231”	对于列入年度实施计划的PPP项目，应根据项目性质和行业特点，由当地政府行业主管部门或其委托的相关单位作为PPP项目实施机构，负责项目准备及实施等工作。

从上表中可以看出，财金［2014］113、发改投资［2014］2724、特许经营管理办法都首先规定了项目实施机构，进而规定项目实施机构应作为政府主体与社会资本主体签订PPP项目合同；项目合同指南、通用合同指南则直接规定了PPP项目合同的签约政府主体；发改投资［2016］2231则仅规定了项目实施机构。

（1）发改投资［2014］2724、发改投资［2016］2231与财金［2014］113中关于实施机构范围的差异？

从上表中可以看到，发改投资［2014］2724、发改投资［2016］2231、财金［2014］113中关于实施机构范围的规定存在一些差异，相比与财金［2014］113规定的“有关职能部门或事业单位”，发改投资［2014］2724规定的实施机构中还包括“行业运营公司或其他相关机构”，而发改投资［2016］2231还包括“其委托的相关单位”。需要注意的是，《第三批PPP示范项目申报筛选工作的通知》财金函［2016］47号附件《PPP示范项目评审标准》中明确规定“国有企业或融资平台公司作为政府方签署PPP项目合同的不再列为备选项目”，也就是说财政部并不认可“国有企业和融资平台公司”作为项目实施机构并作为政府主体签订PPP项目合同。

发改投资［2014］2724中提到的“行业运营公司”虽然在法律、法规上没有相关的定义和解读，就实践操作层面上来看，我们理解“行业运营公司”即为政府出资成立用于承担城市基础设施及市政公用事业项目投资、建设、运营的企业法人或公司法人，如公交公司、水务公司、燃气公司等，一般来说归属于不同的行政主管部门的管理，是用来发展和建设各类城市基础设施和市政公用事业项目的载体。“行业运营公司”和“融资平台公司”一样属于国有企业的范畴，但其相比于“融资平台公司”从性质上偏重于融资、投资功能，“行业运营公司”更偏重于运营、管理功能。

依据参与PPP项目的经验，由于行业运营公司事实上的企业身份，由其作为项目实施机构存在利益交叉错位、协调能力不足、无法代表政府主体履行相关职权等问题，总体来说不利于项目实施和PPP项目合同的执行。相较来看，政府职能部门（行业主管部门）具备天然的政府属性优势，同样了解行业特征和标准，更适宜作为政府主体履行相关职权，因此应优选考虑作为项目实施机构并作为政府主体签订PPP项目合同。但是，对于一些地区由于历史原因而导致的特殊情况，比如某地并未设高速主管部门而一直由高速公路公司代行职责，也可适当考虑因地制宜、特事特办。

（2）当地人民政府是否可以作为政府主体签署PPP项目合同？

虽然发改投资［2014］2724、财金［2014］113与特许经营管理办法均规定应由实施机构作为政府主体签订PPP项目合同，但无论PPP项目的实施机构是否直接为当地人民政府，鉴于项目合同指南和通用合同指南均在政府方的签约主体中明确包括了“政府”，且实施机构的权利来源也是人民政府，因此当地人民政府理应可以作为政府主体直接签订PPP项目合同。在某些PPP项目中，由当地人民政府直接作为政府主体签订PPP项目合同也会增强社会资本方和金融机构参与的信心。但值得注意的是，由于政府本身没有足够的能力、资源和精力监管和实施具体的PPP项目，因此即便由政府直接签订PPP项目合同，也会在合同中授权具体的职能部门或事业单位代位履行相关职权。

（3）政府方主体出现机构调整如何处理？

由于PPP项目合同的合作期限至少在10年以上，期间可能会遇到政府职能机构调整的情况导致原本的实施机构不再享有相关职能，考虑到这种可能性，我们通常会在PPP项目合同中就政府签约主体机构调整时的延续或承继方式作出相关约定。

二、社会资本主体

1. 社会资本方

法律文件	社会资本方
财金［2014］113	本指南所称社会资本是指已建立现代企业制度的境内外企业法人，但不包括本级政府所属融资平台公司及其他控股国有企业。
项目合同指南	社会资本是指依法设立且有效存续的具有法人资格的企业。 本指南所称的社会资本是指依法设立且有效存续的具有法人资格的企业，包括民营企业、国有企业、外国企业和外商投资企业。但本级人民政府下属的政府融资平台公司及其控股的其他国有企业（上市公司除外）不得作为社会资本方参与本级政府辖区内的PPP项目。
《关于在公共服务领域推广政府和社会资本合作模式的指导意见》，以下简称“国办发［2015］42”	对已经建立现代企业制度、实现市场化运营的融资平台公司，在其承担的地方政府债务已纳入政府财政预算、得到妥善处置并明确公告今后不再承担地方政府举债融资职能的前提下，可作为社会资本参与当地政府和社会资本合作项目。
通用合同指南	签订项目合同的社会资本主体，应是符合条件的国有企业、民营企业、外商投资企业、混合所有制企业或其他投资、经营主体。
特许经营管理办法	本法所称基础设施和公用事业特许经营，是指政府采用竞争方式授权中华人民共和国境内外的法人或其他组织，通过协议明确权利义务和风险分担，约定其在一定期限和范围内建设运营基础设施和公用事业并获得收益，提供公共产品或者公共服务。

从上表中我们可以看出，各部委文件在社会资本方的范围表述上存在比较大的差异，且发改委发布的法律文件中对社会资本方范围的规定相对更为宽泛。

（1）“其他组织”可否作为社会资本方参与 PPP 项目？

在通用合同指南和特许经营管理办法中社会资本方可以包含多种形式的投资主体，除法人以外还包括“其他组织”。而在财金［2014］113 和项目合同指南中社会资本方的范围仅为企业法人未提及“其他组织”。

首先，“其他组织”的含义参见《最高人民法院关于适用 < 中华人民共和国民事诉讼法 > 的解释》第 52 条：民事诉讼法第四十八条规定的其他组织是指合法成立、有一定的组织机构和财产，但又不具备法人资格的组织，包括依法登记领取营业执照的个人独资企业、依法登记领取营业执照的合伙企业，依法设立并领取营业执照的商业银行、政策性银行和非银行金融机构的分支机构等。显然，虽然“其他组织”不具备法人资格，但实践中我们常见的“银行分支机构”“合伙制基金”等都属于“其他组织”的范畴，他们既可能是社会资本方联合体中资金方，也可能是由施工方、产业投资人和资金方为实施 PPP 项目而建立的组织，是目前 PPP 项目社会资本方的主力军之一。而如果仅规定“企业法人”作为社会资本方，一概拒绝“其他组织”作为社会资本方参与 PPP 项目的竞争，显然过于刻板武断，不利于兼容并包和社会资本方因地制宜的灵活操作，会给 PPP 项目的实操带来难题。

（2）个人是否可以作为社会资本方参与 PPP 项目？

根据以上规定，个人并非适格的 PPP 项目社会资本方。另外，从实际操作来看，在遴选社会资本方时对个人的投资能力、管理经验、专业水平、融资实力等也无法作出评判，因此个人作为社会资本方参与 PPP 项目并不具备可行性。

（3）地方融资平台公司可否作为社会资本方参与 PPP 项目？

出于体现 PPP 项目“公私合作”的本意、实现“公私合作”的价值，也为了确保 PPP 项目的竞争性，财金［2014］113 明确要求实施 PPP 项目的本级政府所属融资平台公司及其控股的国有企业不能以社会资本方的身份参与本级政府辖区内的PPP项目。而半年之后的国办发［2015］42对于当地融资平台公司作为社会资本方参与PPP项目又给予了适度的开口，但对于其他控股国有企业是否类比开口并未明确。另外，上述开口规定中关于“明确公告今后不再承担地方政府举债融资职能作为前提”的要求也还是让很多融资平台公司有所顾虑。

目前，业内大部分专家对融资平台公司和当地国企作为社会资本方参与PPP项目持相对负面观点。但出于中国国情及优质融资平台公司和地方国有企业发展空间需求的考虑，在充分竞争的前提下，给予优质且完全商业化运营的融资平台公司和地方国有企业一定的发展空间也不失为因势利导。当然对于如何定义“优质”和“商业化”，及如何避免对其他社会资本方形成壁垒效应还需进一步细化考虑。

2. 项目公司

法律文件	项目公司
财金［2014］113	公示期满无异议的项目合同，应在政府审核同意后，由项目实施机构与中选社会资本签署。 需要为项目设立专门项目公司的，待项目公司成立后，由项目公司与项目实施机构重新签署项目合同，或签署关于承继项目合同的补充合同。
项目合同指南	社会资本是PPP项目的实际投资人，在PPP实践中，社会资本通常不会直接作为PPP项目的实施主体，而会专门针对该项目成立项目公司，作为PPP项目合同及其他相关合同的签约主体，负责项目具体实施。 项目公司是依法设立的自主运营、自负盈亏的具有独立法人资格的经营实体。项目公司可以由社会资本（可以是一家企业，也可以是多家企业组成的联合体）出资设立，也可以由政府和社会资本共同出资设立。但政府在项目公司中的持股比例应当低于50%，且不具有实际控制力及管理权。 在项目初期阶段，项目公司尚未成立时，政府方会先与社会资本（即项目投资人）签订意向书、备忘录或者框架协议，以明确双方的合作意向，详细约定双方有关项目开发的关键权利义务。待项目公司成立后，由项目公司与政府方重新签署正式PPP项目合同，或者签署关于继承上述协议的补充合同。在PPP项目合同中通常也会对PPP项目合同生效后政府方与项目公司及其母公司之前就本项目所达成的协议是否会继续存续进行约定。

续表

法律文件	项目公司
通用合同指南	如以设立项目公司的方式实施合作项目，应根据项目实际情况，明确项目公司的设立及其存续期间法人治理结构及经营管理机制等事项。 如政府参股项目公司的，还应明确政府出资人代表、投资金额、股权比例、出资方式等。
特许经营管理办法	实施机构应当在招标或谈判文件中载明是否要求成立特许经营项目公司。 实施机构应当与依法选定的特许经营者签订特许经营协议。需要成立项目公司的，实施机构应当与依法选定的投资人签订初步协议，约定其在规定期限内注册成立项目公司，并与项目公司签订特许经营协议。
发改投资［2016］2231	政府审核同意后，由项目实施机构与中选社会资本方正式签署 PPP 项目合同。 需要设立项目公司的，待项目公司正式设立后，由实施机构与项目公司正式签署 PPP 项目合同，或签署关于承继 PPP 项目合同的补充合同。

关于项目公司的规定，主要集中在项目公司的设立、组成及签约方式。

（1）是否一定要设立项目公司？

根据上表我们可以很清楚地得出结论，项目公司并非一定要设立，社会资本方可以自行与政府方签订 PPP 合同实施 PPP 项目。但实践中，通常政府方都会在采购文件中要求社会资本方成立项目公司专门实施 PPP 项目，一方面是因为设立项目公司是社会资本方的普遍需求和惯常操作，社会资本方通过设立项目公司可以实现有限追索，起到风险隔离的作用；另一方面如若政府方参股或社会资本方为联合体，则更要通过设立项目公司作为一个实体实施项目，可以有效整合联合体之间的资金和资源，也便于政府方的监督和管理。

（2）政府方是否一定要参股项目公司？参股比例有何要求？

根据上表我们同样可以很清楚地得出结论，政府方不一定要参股项目公司，可由社会资本方单独设立项目公司。实践中政府方是否参股项目公司，取决于：①政府方是否希望通过参股的方式更直接地参与项目的重大决策、掌握项目实施情况。若政府方不参股项目公司，则只能通过 PPP 项目合同的约定间接对项目公司的决策和履行情况享有知情权；②政府参股可以增强社会资本方及金融机构对项目的信心，利于项目的开展；③政府方股东可以对涉及重大公共利益、公共安全的事项实行表决权。

根据目前的相关法律文件要求及 PPP 项目“公私合作”的本意，政府方在项目公司中参股比例为不超过 50%（甚至不应相对控股），且不应具有实际控制力和管理权。实践中持股比例通常为 10%—40% 不等，一方面是因为股权比例越高对政府方的资金量需求就越高；另一方面即使股权比例相对较高但是政府方又不得对项目具有实际控制力和管理权，因而对政府方不具有吸引力。

（3）在中外合资（作）项目中，如何符合中方控股的要求？

根据《外商投资产业指导目录（2017 修订）》，部分 PPP 项目属于限制外商投资项目，且有“中方控股的要求”。如：城市人口 50 万以上的城市燃气、热力和供排水管网的建设、经营（中方控股）。根据该等规定，同时考虑政府方在项目公司中参股比例为不超过 50% 的要求，如外国企业作为社会资本方参与 PPP 项目，应与中国企业组成联合体，中选后设立项目公司时还应综合配置项目公司股权结构以满足“中方控股”的要求。

（4）若社会资本方为联合体，联合体各方是否必须都参股项目公司？

PPP 相关法律政策文件中并未针对该问题做出明确规定，《中华人民共和国招标投标法》和《中华人民共和国政府采购法》也仅规定了联合体各方应当共同与采购人签订采购合同，就采购合同约定的事项对采购人承担连带责任，而并未就是否成立项目公司以及联合体是否参股项目公司进行规定。因此我们认为：①联合体各方可以在联合体协议以及投标文件中明确各方的职责，除非招标文件 \ 采购文件有明确要求，联合体其中一方是否参股项目公司应该属于各方可以自由约定的内容；②在项目公司成立前，联合体各方应当共同与采购人先行签订 PPP 项目合同或投资协议 / 框架协议，并就承诺的事项向政府承担连带责任。

另外，需要注意的是，招标投标法实施条例第九条规定："已通过招标方式选定的特许经营项目投资人依法能够自行建设、生产或者提供的可以不进行招标"，适用此条的主体条件为"项目投资人"，那么如果联合体中的施工方不参股项目公司还能不能称作为"项目投资人"呢？从谨慎的角度考虑，联合体中的施工企业如希望适用上述条款，我们建议至少要在项目公司少量参股。

（5）若设立项目公司，社会资本方是否需要同项目公司一起承担连带责任？

根据《中华人民共和国政府采购法》第二十四条，"联合体各方应当共同与采购人签订采购合同，就采购合同约定的事项对采购人承担连带责任"。根据《中华人民共和国招标投标法》第三十一条，"联合体中标的，联合体各方应当共同与招标人签订合同，就中标项目向招标人承担连带责任"。然而，PPP 项目属于投资项目，与一般的施工项目或货物、服务供应项目有明显区别，在 PPP 项目中，通常不会由社会资本方直接履行 PPP 项目合同，而是由社会资本方独立或和政府方出资代表共同设立项目公司，由项目公司承继社会资本方在 PPP 项目合同下的所有权利义务，社会资本方设立项目公司的目的之一就是为了隔离项目风险和责任，而社会资本方仅对项目公司承担相应的股东责任并在出资范围内对项目公司债权债务承担责任。因此，我们认为，虽然《中华人民共和国政府采购法》《中华人民共和国招标投标法》有连带责任的相关规定，但生搬硬套到 PPP 项目中来显然并不适宜，可以认为，PPP 项目中社会资本方设立项目公司后，社会资本方继续承担连带责任并非法律强制要求。

但在一些项目中，政府方认为其选择的是社会资本方而非项目公司，依赖的是社会资本方的信用和资质而非项目公司，为更好地确保项目适当执行并控制项目风险，会要求社会资本方就项目公司的部分或全部合同责任承担连带责任；也有观点认为，政府方在前期融资和建设阶段面临的风险较大，可考虑社会资本方在建设期内就项目公司的部分或全部合同责任承担连带责任。我们认为，从控制商业风险的角度考虑，在项目总投资额巨大、项目资本金根据建设需要在较长期间内分期投入的项目中，或者项目建设运营着重依赖社会资本方的资质能力的情况下，要求社会资本方在某一时期承担一定的连带责任属于政府方的合理要求，但由于在成立项目公司的情况下要求社会资本方再承担连带责任与项目操作常规不符，我们建议该等承担连带责任的要求应当在招标文件中明示，而社会资本是否接受则取决于社会资本方的风险承受能力、双方在项目中的商业地位等各种因素。

另外，在部分PPP项目中，由于项目公司为新建且项目本身资产和收益也相对单一，金融机构也会要求社会资本方对融资承担有限担保甚至是连带担保责任作为融资增信，此种情况下，由于社会资本方应承担PPP项目中的融资责任，为支持项目公司取得融资则需要依据金融机构的要求为融资承担相应担保责任。

（6）若设立项目公司该如何签订PPP项目合同？

上表中的各文件对该等问题规定虽都略有不同，但在实践中，若设立项目公司通常有以下两种签署PPP项目合同的方式：

◆ 政府方先与社会资本方签订投资协议或框架协议，待项目公司成立后，由项目公司与政府方签署正式PPP项目合同；

◆ 政府方直接与社会资本方签订正式的PPP项目合同，待项目公司成立后，由项目公司与政府方重新签署PPP项目合同或以签订补充协议的形式继承PPP项目合同。

我们认为上述两种方式均可行，可根据实际情况选择适用。

第二章 项目范围

笔者认为，PPP 项目范围条款应包含三个层次的内容：（1）政府方与社会资本方的合作内容；（2）标的项目的内容和范围；（3）相关排他性的规定。相关法律规定如下：

法律文件	相关规定
《PPP 项目合同指南（试行）》，以下简称“项目合同指南”	项目的范围条款，用以明确约定在项目合作期限内政府与项目公司的合作范围和主要合作内容。 根据项目运作方式和具体情况的不同，政府与项目公司的合作范围可能包括设计、融资、建设、运营、维护某个基础设施或提供某项公共服务等。 通常上述合作范围是排他的，即政府在项目合作期限内不会就该 PPP 项目合同项下的全部或部分内容与其他任何一方合作。
《政府和社会资本合作项目通用合同指南（2014 年版）》，以下简称“通用合同指南”	项目范围：明确合作项目的边界范围。如涉及投资的，应明确投资标的物的范围；涉及工程建设的，应明确项目建设内容；涉及提供服务的，应明确服务对象及内容等。 社会资本主体承担的任务：明确社会资本主体应承担的主要工作，如项目投资、建设、运营、维护等。 排他性约定：如有必要，可做出合作期间内的排他性约定，如对政府同类授权的限制等。

一、合作内容

基于 PPP 模式的基本原理，笔者认为，政府方与社会资本方的合作内容事实上即指社会资本方在基础设施和公共服务项目中所应承担的任务（在 PPP 项目中，政府方将其在基础设施和公共服务领域所承担的部分职责让渡给社会资本方，让渡的部分即双方合作的内容）。根据项目的不同，双方合作内容包括基础设施和公共服务项目的融资、投资、设计、建设、运营、维护、移交等全部或部分。通常，根据PPP项目的具体运作方式即可基本判断该项目的总体合作内容，如《项目合同指南》所述，“以BOT运作方式为例，项目的范围一般包括项目公司在项目合作期限内建设（和设计）、运营（和维护）项目并在项目合作期限结束时将项目移交给政府”，当然，对于上述合作内容中各项工作的承担边界，如前期工作的分工、运营维护的具体形式等还需在后续条款中进行详细约定。

需要强调的是，虽然根据项目具体情况的区别，PPP项目合作内容不尽相同，但基于我国当前推行PPP模式的目标要求，“运营”始终应为PPP项目合作内容中不可缺少的一部分，这一要求几乎在每个PPP相关法律文件中均有体现，隐含的或明确的，比如：

法律文件	相关规定
《关于在公共服务领域推广政府和社会资本合作模式指导意见的通知》，以下简称“国办发［2015］42”	PPP合作模式是公共服务供给机制的重大创新，即政府采取竞争性方式择优选择具有投资、运营管理能力的社会资本，双方按照平等协商原则订立合同，明确责权利关系，由社会资本提供公共服务，政府依据公共服务绩效评价结果向社会资本支付相应对价，保证社会资本获得合理收益。
《政府和社会资本合作模式操作指南（试行）》，以下简称“财金［2014］113”	一般情况下，项目的运营由项目公司负责，但在一些PPP项目，特别是公共服务和公用设施行业下的PPP项目中，项目的运营通常需要政府方的配合与协助。
《政府和社会资本合作项目财政管理暂行办法》，以下简称“财金［2016］92”	项目实施不得采用建设－移交方式。

显然，在我国当前推行的PPP模式下，PPP项目运作方式可以是多种多样的，如O&M，TOT、BOT、ROT等，但无论采用何种运作方式，“O”都应当始终存在，也就是说，“O”是社会资本方在PPP项目中必须承担的职责，也是PPP项目合作范围中必有的一部分，且社会资本方取得项目回

报也应当与“O”的好坏即绩效考核进行挂钩。当然，具体“O”指经营、维护、还是仅仅维养，还需根据项目是经营性、非经营性还是公益性的情况具体进行进一步的约定。

二、标的项目的范围和内容

标的项目的范围和内容，即指对项目对应的具体基础设施或公共服务项目范围和内容的描述。

1. 标的项目是否可包括非基础设施或公共服务的商业项目？

法律文件	相关规定
国办发［2015］42	围绕增加公共产品和公共服务供给，在公共服务领域广泛采用PPP模式，并且应用PPP模式的目的为充分发挥市场机制作用，提升公共服务的供给质量和效率，实现公共利益最大化。
《关于开展政府和社会资本合作的指导意见》，以下简称“发改投资［2014］2724”	PPP模式主要适用于政府负有提供责任又适宜市场化运作的公共服务、基础设施类项目。
财金［2014］113	投资规模较大、需求长期稳定、价格调整机制灵活、市场化程度较高的基础设施及公共服务类项目，适宜采用PPP模式。
财金［2016］92	财政部门应当会同相关部门加强项目合规性审核，确保项目属于公共服务领域。

综上所述，PPP是政府方与社会资本方在基础设施和公共服务领域的合作，双方合作应是围绕公共产品和公共服务的供给展开的，因此，PPP标的项目也必须存在于基础设施、公共服务领域，而不应为非基础设施、非公共服务类的商业项目。

然而，在部分PPP项目中，部分商业项目被列入到项目合作范围中，当前该种操作的主要依据是发改投资［2014］2724等PPP相关文件中关于可对准经营性、非经营性PPP项目配置经营性资源的相关规定。的确，实践操作中为增强项目对社会资本方的吸引力、减轻政府方付费压力，在PPP项目中进行一定商业项目配比已较为常见，如高速公路、市政道路项目沿线的广告经营、流域治理项目中沿途的店铺经营及景区项目中的酒店经营等。但笔者认为，即使根据上述规定及项目需要对PPP项目配置了一定比例的商业项目，配比的商业项目也不应作为PPP项目合作范围中的标的项目，而应作为PPP项目回报机制中配置性、补贴性的经营资源的一部分，且该类商业项目应独立于PPP项目合作范围中的项目标的单独进行投资、收益的核算。同时，商业项目的配置还应注意把握所配置的资源与PPP项目本身应具有关联性、所配置资源的运营管理与PPP项目本身的运营管理应具有整体性及便利性。国家发展改革委今年公布的第二批PPP项目典型案例的评审规则中也强调了这一点，认为“资源的配置对象必须具有内在关联性”。

2. 标的项目是否可包括预期项目?

本处所说预期项目指项目各项前期工作未开展，项目内容和实施时间均未可知、尚处于各方预想阶段的项目。其中，前期工作包括建设项目前期工作（立项、可研论证等）以及PPP项目本身的前期工作（财政承受能力论证、物有所值评价及实施方案编制等）两部分。

法律文件	相关规定
《招标投标法》	招标人采用公开招标方式的，应当发布招标公告。招标公告应当载明招标人的名称和地址、招标项目的性质、数量、实施地点和时间以及获取招标文件的办法等事项。
《政府采购法实施条例》	采购需求应当符合法律法规以及政府采购政策规定的技术、服务、安全等要求。政府向社会公众提供的公共服务项目，应当就确定采购需求征求社会公众的意见。除因技术复杂或者性质特殊，不能确定详细规格或者具体要求外，采购需求应当完整、明确。
财金［2014］113	对于列入年度开发计划的项目，项目发起方应按照财政部门（政府和社会资本合作中心）的要求提交相关资料。新建、改建项目应提交可行性研究报告、项目产出说明和初步实施方案；存量项目应提交存量公共资产的历史资料、项目产出说明和初步实施方案。

续表

法律文件	相关规定
财金［2016］92	新建、改扩建项目的项目实施方案应当依据项目建议书、项目可行性研究报告等前期论证文件编制；存量项目实施方案的编制依据还应包括存量公共资产建设、运营维护的历史资料以及第三方出具的资产评估报告等。
《传统基础设施领域实施政府和社会资本合作项目工作导则》	可行性研究报告审批后，实施机构根据经批准的可行性研究报告有关要求，完善并确定 PPP 项目实施方案。 实行核准制或备案制的企业投资项目，应根据《政府核准的投资项目目录》及相关规定，由相应的核准或备案机关履行核准、备案手续。项目核准或备案后，实施机构依据相关要求完善和确定 PPP 项目实施方案。
通用合同指南	明确合作项目的边界范围：如涉及投资的，应明确投资标的物的范围；涉及工程建设的，应明确项目建设内容；涉及提供服务的，应明确服务对象和内容等。

通过对上述文件规定的梳理可以看到，从建设项目本身的前期工作要求角度而言，以 PPP 模式开展的项目的前期工作应至项目可研论证阶段，同时，从 PPP 项目采购社会资本方的角度而言，PPP 项目进行采购时其需求应确定、完整、明确。

然而，由于预期项目并未开展任何建设项目前期工作，项目边界情况不详，因此无法纳入到 PPP 项目本身的前期工作中进行测算及评估，而社会资本方的报价也无法包含该等预期项目。为实现将预期项目纳入项目范围的目的，仅能在实施方案和项目合同中对预期项目的合作进行原则性的规定，但是这不仅不符合相关规定的原意和要求，还将导致 PPP 项目具体实施过程中双方冗长且艰难的谈判协商，因此，笔者认为将预期项目纳入 PPP 项目标的范围不仅无据可依，且并不适当。建议预期项目在完成相应的前期工作后，参考下述第 3 条中关于“标的项目范围和内容变更”的解读进行适当约定和操作。

3. 标的项目范围和内容是否可以变更？

标的项目范围和内容的变更可区分为缩小、扩大、实质性改变等多种情形。此处所说标的项目范围变更指A变为A+B或A–B，而内容变更指A变为A+或A–。PPP标的项目范围和内容作为PPP项目的核心条件通常不可变更，原因在于，PPP项目均需在明确核心条件的基础上履行法定的采购程序选取社会资本方，而标的项目范围和内容作为PPP项目的核心边界条件，不论是根据《政府采购法》还是《招标投标法》，不仅在签订PPP项目合同时不得变更，且除非出现特殊情形，该种不可更性应贯彻项目实施的始终。

但在实践操作中，在以下两种情形下，PPP标的项目范围和内容可以做出适当的变更：

（1）PPP标的项目范围和内容缩小的情形。虽然范围和内容的缩小势必将影响整个项目的投资运营规模、基于规模优势下的收益水平等，但从合规性角度而言，由于标的项目范围和内容缩小仍在原项目范围内，如经PPP项目合同各方协商一致且经政府方批准同意的前提下进行的标的项目范围和内容的缩小变更应无法律障碍。

（2）因设计变更、法律变更导致的PPP标的项目内容的变化。通常PPP项目合同中已对该种情形进行了明确约定，如该种情形未对标的项目内容造成实质性变化，且变化对项目投资的影响在一定比例范围内，则可直接适用相关条款进行变更。

另外，在项目实施过程中，若需对标的项目的范围进行扩大，对于与原有项目标的存在一定关联性的项目，可赋予社会资本方一定的优先权，同时，如符合《政府采购法》第三十一条："（三）必须保证原有采购项目一致性或者服务配套的要求，需要继续从原供应商处添购，且添购资金总额不超过原合同采购金额百分之十"的规定，经合法审批，可以通过单一来源采购的方式选择原有供应商。对于超出上述金额，但变更部分与原有部分的确存在技术或商业上的不可分割性、必须一体运营的情形，是否也可采用单一来源方式确定由原社会资本方进行，笔者认为，该种情形下以获得适当审批为前提进行单一来源采购亦符合相关规定的原有之意，但考虑到该种情形目前并未有明确法律依据，该种操作方式还需与当地招标或政府采购部门进行一事一议的沟通。

4. 投建的标的项目是否必须与运营的标的项目一致?

对PPP项目中的新建项目而言，社会资本方建设期投资建设所形成的项目设施在进入运营期后，社会资本方是否需全部进行运营维护？或是否可只对部分项目设施进行运营维护？目前尚未见相关规定对此的明确阐述，但秉持前文所述目前我国推行PPP项目"重运营"的基本原则，运营维护应与建设成果相对接，对建设成果进行整体运营维护。

当然，在一些PPP项目中的确存在一些现实的特殊情况，比如少量投建内容的确不适宜运营的情形、投建内容中少量内容需与PPP项目合作范围以外的由其他主体进行运营的内容进行一体化运营的情形，我们认为，仅在这些特殊情况下，可将这些少量的投资内容排除在运营标的项目的范围和内容之外。此外，也不乏运营范围大于投建范围的，这种情况通常存在于新建项目建成后，将存量项目纳入运营范围一并运营的情形。

三、排他性安排

法律文件	文件规定
发改投资［2014］2724	根据各地实际，通过授予特许经营权、核定价费标准、给予财政补贴、明确排他性约定等，稳定社会资本收益预期。
项目合同指南	通常上述合作范围是排他的，即政府在项目合作期限内不会就该PPP项目合同项下的全部或部分内容与其他任何一方合作。 在采用使用者付费机制的项目中，项目公司通常会要求在PPP项目合同中增加唯一性条款，要求政府承诺在一定期限内不在项目附近新建竞争性项目。
通用合同指南	如有必要，可做出合作期间内的排他性约定，如对政府同类授权的限制。

PPP项目的排他性分为项目合作范围本身排他和区域范围的排他性约定两个层次。

1. 关于项目合作范围本身排他

PPP项目合作范围本身的排他性为PPP项目合同的应有之意，作为

PPP 项目合同的签订双方，政府方与中选社会资本就项目范围内的合作理应具有排他性，政府方不得将 PPP 项目合同项下全部或部分内容与其他任何一方进行合作，当然，出于强调和明确之意，通常会在项目合同中对该等合作范围本身的排他性进行明确约定。

2. 关于区域排他

对于项目收入与项目使用量相关的 PPP 项目（政府付费的使用量项目和使用者付费项目），为保障社会资本方的预期收益，通常会在 PPP 项目合同中约定区域排他条款，社会资本方在该特定区域内对合作范围内合作事宜具有排他性权利。

对于区域排他中的区域设置通常采用两种方式，一种为明确的四至范围；一种则为行政区域范围，如以某市 / 区 / 县的行政区划作为项目合作的区域范围。第一种方式范围明确，无须赘述。第二种方式中则涉及未来行政区划范围变更对项目所产生的影响这一问题。通常，未来行政区域范围扩大的，对扩大的区域类似于前文所述的标的项目范围的变更，应由政府方通过适当采购程序重新选择社会资本方，但可赋予社会资本方一定的优先权；未来行政区域范围缩小的，应综合考虑项目情况由双方进行协商，导致社会资本方收益缩减的，政府方应给予相应补偿。

另外，需要注意的是，PPP 项目中的区域排他权与普遍服务义务相互对应、紧密关联。参考《行政许可法》第 67 条："取得直接关系公共利益的特定行业的市场准入行政许可的被许可人，应当按照国家规定的服务标准、资费标准和行政机关依法规定的条件，向用户提供安全、方便、稳定和价格合理的服务，并履行普遍服务的义务；未经作出行政许可决定的行政机关批准，不得擅自停业、歇业。"区域排他不仅对社会资本方是权利、也是一种强制性的义务，在 PPP 项目合同中应当明确，享有区域排他权的社会资本方应履行在该区域内对应的普遍服务义务，同时，应当对应约定，如社会资本方拒绝或难以满足普遍服务的要求，则政府方有权突破区域排他权的约定。

第三章　合作期限

《PPP 项目合同指南（试行）》（以下简称"项目合同指南"）规定"项目合作期限"需约定期限的确定、期限的延长和期限的结束，《政府和社会资本合作项目通用合同指南（2014 年版）》（以下简称"通用合同指南"）规定"合作期限"需约定"明确项目合作期限及合作的起讫时间和重要节点"。同时我们注意到，在《基础设施和公共事业特许经营管理办法》（以下简称"特许经营管理办法"）及《政府和社会资本合作模式操作指南（试行）》（以下简称"财金［2014］113"）中的相关条款中对"合同期限"作出了规定，而未提及"合作期限"的概念；另外，在项目合同指南中的某些条款还提到了"项目期限"的概念。参阅英国《标准化 PF2 合同》（以下简称"PF2 合同"），其中仅提及了"合同期限"的概念，而并未提到"合作期限"的概念。那么"合作期限"指哪段期间？它和"合同期限"是否相同？

PPP 项目的"合作期限"应指双方就 PPP 项目进行合作的起始日期至结束日期；而 PPP 项目合同的"合同期限"则指合同的有效期，通常自 PPP 项目合同签署时开始至合同期满或提前终止时结束。从上述概念分析来看，我们认为，"合作期限"和"合同期限"两者虽有关联，但并不一定完全相同，PPP 项目合同中可以约定"合作期限"与"合同期限"同时开始、同时结束，也可另行约定"合作期限"的开始时间，如另行约定，则通常约定为前提条件的满足或豁免之日、新建项目开工日或存量项目资产移交开始日等日期。由于"合作期限"将影响社会资本方的项目收益，"合作期限"与"合同期限"是否同时开始，实质上是约定了"合作期限”开始的相关条件成就的风险主要由何方承担。

另外，需要注意的是，不论是在新建还是存量项目中，“合作期限”与“运营期限”都并不相同，因为其中还包括“移交期”（存量项目）、“建设期”（新建项目）等，因此“运营期限”只是“合作期限”的一部分。PF2 合同也规定：“合同中应明确服务开始日期以区别于合同签署日期”，“服务期限应起始于颁发接收证明之日”，根据对其他相关条款的理解，此处“服务期限”即指“运营期限”，而颁发接收证明，即“服务期限”开始前，还需完成项目建设或服务开发工作。

根据上述解析，我们认为，PPP 项目合同中“合作期限”“合同期限”“运营期限”等各个期限概念均各有不同，即使某些期限实际重叠，仍应在 PPP 项目合同中分别明确各个概念及其起始时间，以免混淆。

一、合作期限的期限

法律文件	相关规定
《关于组织开展第三批政府和社会资本合作示范项目申报筛选工作的通知》（财金函［2016］47 号），以下简称“财金函［2016］47”	PPP 示范项目的合作期限原则上不低于 10 年。
特许经营管理办法	合同期限最长不超过 30 年； 对于投资规模大、回报周期长的项目，可以根据项目实际情况，约定超过前期规定的特许经营期限。
财金［2014］113	转让 – 运营 – 移交（TOT）、建设 – 运营 – 移交（BOT）、改建 – 运营 – 移交（ROT）运作方式合同期限一般为 20–30 年； 委托运营（O&M）运作方式合同期限一般不超过 8 年； 管理合同（MC）运作方式合同期限一般不超过 3 年。 建设 – 拥有 – 运营（BOO）运作方式则不涉及合同期限。

1.PPP 项目合作期限是否存在期限长短的强制限制？

根据上述规定，PPP 项目合作期限应“不低于 10 年”、通常“最长不超过 30 年”（为便于解读，我们此处暂将六部委 25 号令及财金［2014］113 中的“合同期限”等同于“合作期限”）。关于最短期限，我们认为“不低于 10 年”的规定应当是强制适用的，而财金［2014］113 中对于 O&M 运作方式合作期限“不超过 8 年”、MC 运作方式“不超过 3 年”的特殊规定是否还应继续适用？或该等仅涉及服务外包的运作方式的合作期限能否可以突破“不低于 10 年”的强制限制？还有待于进一步出台的法律文件解答。PF2 合同中对最短期限也有如下表述：“如果合同期限不足 10 年，则不应执行 PF2 合同程序”，然而根据对 PF2 合同其他相关条款的分析，PF2 合同仅适用于如维护、能源管理、全生命周期下的更新等“硬服务”，原则上不适用于如清洁、餐饮服务、安保、合同管理、保险服务、接待等“软服务”。关于最长期限，《基础设施和公共事业特许经营管理办法》提到“投资规模大、回报周期长”的项目合作期限可以超过 30 年，实操中也确实不乏合作期限超过 30 年的项目，我们认为“最长不超过 30 年”的规定并非强制性规定，可根据项目实际情况进行适当突破。

2. 如何确定具体 PPP 项目合作期限的期限？

需要注意的是，具体 PPP 项目合作期限的设置并非拍脑袋决定的，而是综合考虑多方面因素的结果，项目合同指南中列举了影响期限设置的因素：“（1）政府所需要的公共产品或服务的供给期间；（2）项目资产的经济生命周期以及重要的整修时点；（3）项目资产的技术生命周期；（4）项目的投资回收期；（5）项目设计和建设期间的长短；（6）财政承受能力；（7）现行法律法规关于项目合作期限的规定；等等。”实践操作中，项目本身的财务情况、政府的付费能力和项目所处的行业特征等是决定期限的重要因素。

二、合作期限的延长与续期

法律文件	相关规定
项目合同指南	政府和项目公司通常会在合同谈判时商定可以延期的事由，基本的原则是：在法律允许的范围内，对于项目合作期限内发生非项目公司应当承担的风险而导致项目公司损失的情形下，项目公司可以请求延长项目合作期限。 常见的延期事由包括：1. 因政府方违约导致项目公司延误履行其义务；2. 因发生政府方应承担的风险导致项目公司延误履行其义务；3. 经双方合意且在合同中约定的其他事由。 在 PPP 项目合同中，除政治不可抗力外，一般不可抗力的法律后果通常包括："（二）延长期限。如果不可抗力发生在建设期或运营期，则项目公司有权根据该不可抗力的影响期间申请延长建设期或运营期。"
特许经营管理办法	特许经营期限届满终止或者提前终止，对该基础设施和公用事业继续采用特许经营方式的，实施机构应当根据本办法规定重新选择特许经营者。 因特许经营期限届满重新选择特许经营者的，在同等条件下，原特许经营者优先获得特许经营。

1. 什么情形下可适用延长合作期限？如何进行约定？

根据上述项目合同指南的相关规定，PPP 项目合同中应至少约定在"非社会资本方应承担的风险"（包括"政府方违约"和"政府方应承担的风险"）导致的社会资本方损失的情形下社会资本方可提出延长合作期限的要求，另外，在合作期限内出现一般不可抗力情形时（根据财金［2014］113 等相关文件的规定，一般不可抗力的风险应由政府方与社会资本方共担），社会资本方也可提出延长合作期限的要求。而参考 PF2 合同，其中将导致社会资本方不能在约定的服务开始日期时提供服务或不能持续提供服务，且社会资本方可被免除违约责任的"意外事件"（Supervening Events）分为三类，可补偿事件（Compensation Events）、可救济事件（Relief Events）和不可抗力事件（Force Majeure Events），其中"可补偿事件"类似于政府违约事件和部分政府方应承担的风险，"可救济事件"类似于社会资本方需承担的风险，根据相关规定，在"可补偿事件”的情形下，“政府方应向社会资本方做出补偿，并应维持约定的合同结束期限”，也就是说在这种情形下延长项目合作期限并不作为补偿方式的可选项；在“可救济事件”的情形下，“政府不应向社会资本方进行补偿”；在“不可抗力事件”的情形下，“采取的措施包括变更服务要求、修订付费机制或延长合同期限等”。

对社会资本方而言，在遭受损失的情形下显然直接获得补偿比延长合作期限更有利，而一旦规定了延长项目期限的选项，政府方出于缓解支付压力的考虑通常会提出以延长期限代替直接做出补偿，这不仅忽视了延长合作期限，也将导致其自身承担的义务和风险的期限继续延长，也将损伤社会资方参与项目的积极性，且在实操中双方也很难就如何延长期限达成一致。因此，我们认为，PPP 项目合同应明确约定，在出现“非社会资本方应承担的风险”（包括“政府方违约”和“政府方应承担的风险”）而导致的社会资本方损失的情形下，以政府方直接对社会资本方做出补偿为原则，而期限延长应仅作为社会资本方有权提出的选择项，且除非政府方可与社会资本方对于期限延长在一定期限内达成一致，否则期限延长不可适用，而在出现“不可抗力”等“由双方共同承担的风险”的情形下，则可考虑是否约定将延长合作期限作为补偿措施的一种。

2. 项目合作期限届满双方可直接协商续期吗?

与上篇“项目范围”中提到的对项目标的范围和内容进行扩大类似，根据 PPP 项目采购的不可变更性及特许经营管理办法中的相关规定，项目合作期限届满或提前终止后的“续期”应被视为一个新的 PPP 项目，双方不可直接协商进行续期，而在 PPP 项目合同中通常约定项目合作期限届满或提前终止的，政府方应根据规定重新选择社会资本方，而在合作期限届满终止的情形中，同等条件下，原社会资本方可享有优先权。

三、合作期限的设置

1. 如何设置包含建设责任的PPP项目合作期限中的“建设期”与“运营期”？

采用BOT、ROT等运作方式的PPP项目存在“建设期”，该类项目中，通常社会资本方只有在项目进入运营期后方可获得付费，因此“运营期”的长短将对项目收益产生较大影响。

关于合作期限中的“建设期”与“运营期”的设置，项目合同指南规定：“常见的项目合作期限规定方式包括以下两种：（1）自合同生效之日起一个固定期限；（2）分别设置独立的设计建设期间与运营期间，并规定运营期间为自项目开始运营之日起的一个固定期限。”

（1）单一固定期限

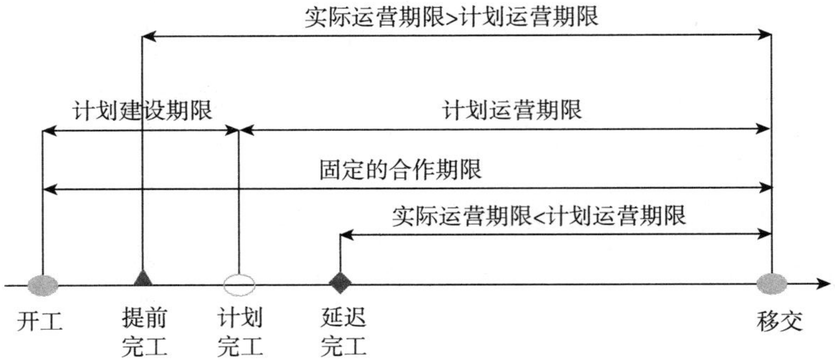

在该种设置下，实际运营期限与计划运营期限的关系如上图所示，项目的实际运营期限完全取决于完工时间（或竣工时间或其他，根据合同约定的建设期结束时间确定，下同），建设期结束后，项目即进入运营期，如提前完工，实际运营期限将比计划运营期限长，迟延完工时，实际运营期限则比计划运营期限短。这种设置通常适用于政府方对完工时间有非常强烈的要求，由于运营期将根据实际完工时间而变化，往往根据合同约定社会资本方如可提前完工则可取得额外的收益，而如延迟完工则除了承担违约金外还将承担收益损失。

（2）建设期间与运营期间分别独立设置

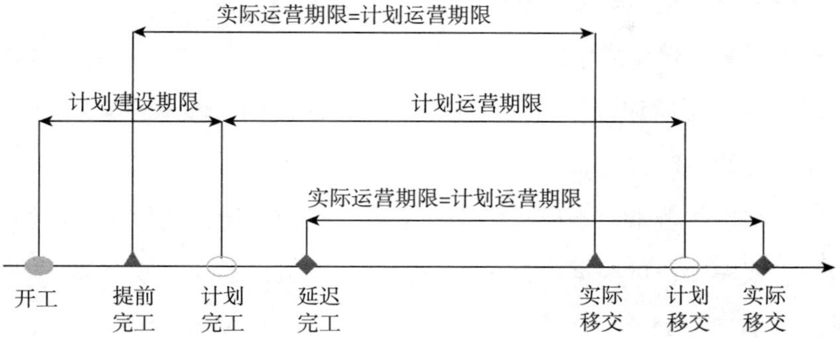

在该种设置下，实际运营期限与计划运营期限的关系如上图所示，实际运营期限与完工时间无关，无论提前完工或延迟完工，项目的实际运营期限都不受影响，与计划运营期限相同，而社会资本方即使提前完工也不会因此取得额外的收益，而如延迟完工则仅需承担违约金，不会产生收益损失。

我们查阅了 PF2 合同的相关条款，其合同期限通常包括服务开始前阶段（建设期或服务开发期等）和服务期阶段（根据上文论述，“服务期”即指“运营期”）。根据相关条款规定：如建设期提前结束，原则上政府方无义务接受社会资本方提前进入服务期的要求（除非已在合同中约定，或仅在物有所值的前提下方可接受），如果政府方接受提前进入服务期，则政府可以就服务结束日期在以下两种方式中择一选择：①维持原合同约定的服务结束日期不变（实际服务期限延长），即提前进入运营并向社会资本方付费；②维持原合同约定的服务期限不变，即服务结束日期相应提前，但应向社会资本方一次性支付相应的奖励。如建设期延误时，除非因意外事件（概念见上文）导致，否则应维持合同约定的服务结束日期不变（实际服务期限缩短），延误的风险由社会资本方承担。该种条款设置基本类似单一固定期限，其基本原则是如项目提前进入服务期则社会资本方可因实际服务期限相应延长获得额外收益（即使实际服务期限不予延长，社会资本方也会获得相应奖励），而如项目延误进入服务期则社会资本方会因实际服务期限相应缩短而承担相应的收益损失。

2. 分期建设或包含多个子项目的 PPP 项目合作期限的确定

对于需分期建设或包括若干个子项目的 PPP 项目，往往需要在 PPP 项目合同中针对各期和各子项目约定不同的“建设期”和“移交期”。主要包括以下两种情形：

（1）在这些若干个子项目可以各个或部分独立运营情形下，可约定全部竣工（或完工，可根据项目具体情况进行约定，下同）或全部正向移交完毕（对 TOT 项目而言）后统一进入运营期。该种情形下因预设全部子项目统一进入运营期，但各子项目竣工进入运营期的时点不同，此时，对于较早竣工可运营的子项目可设置临时运营期。临时运营期的期间即该子项目竣工进入运营的时点与最后一个子项目竣工进入运营的时点（即统一进入运营的时点）之间的期间。临时运营期内社会资本方应根据 PPP 项目合同约定履行基本的维修、养护、运营责任，运维费用及合理利润应计入整个项目的运维服务费中，所产生的收入也应计入整个 PPP 项目服务费中进行核算，但整个项目的可用性付费、运维付费的核算与支付仍待项目全部进入运营期后方开始。当然，临时运营期的设置适合于各子项目进入运营期的时点相差不多的情形下。实践中 PPP 项目各具特色，需根据实际情形进一步详细约定。

（2）单一可独立运营的项目竣工或正向移交后分别进入运营期。此种情形下，运营期还可区分为“各自开始、统一结束”和“各自开始、各自结束”两种情形，第一种情形即该 PPP 项目中的全部子项目同时结束运营期，第二种情形即该 PPP 项目下的各子项目运营期分别计算、分别结束。

上述期限的设置安排均与社会资本方开始获得付费的起始时间及获得付费的期间密切相关，因此需要进行相应的财务测算后根据项目实际情况具体确定。

第四章　前提条件

《PPP 项目合同指南（试行）》第二章第四节规定了“前提条件”，就实践经验来看很多政府部门甚至是咨询机构对“前提条件”的概念十分模糊，应用中的条款设置也是千奇百怪。在这一篇中，我们将介绍“前期条件”在英国《标准化 PF2 合同》、澳大利亚《国家 PPP 指南》中的应用，以及我国的相关规定及应用。

在介绍英国和澳大利亚关于“前提条件”的应用之前，先解释一个名词的概念。这个名词在这两个国家的文件中被经常提到且对于理解这两个国家关于设置“前提条件”的目的和意义有相当重要的作用，它就是“融资交割”（Financial Close）。欧洲投资银行（European Investment Bank）下设的欧洲 PPP 专家中心（European PPP Expertise Centre）的 PPP 指引对“融资交割”的定义为“在融资交割时，所有的项目文件和融资文件已签署且其中包含的所有必需条件均已被满足。此时，资金（如贷款、股权、授信等）可予以支付，项目得以开始实质性执行”，上述定义通俗的理解就是银行已经可以放款了。

一、英国《标准化 PF2 合同》中的“前提条件”

根据英国《标准化 PF2 合同》，前提条件在项目合同中通常并不是必需的。根据项目情况的不同，项目合同以及各方权利义务的生效时间可以为【合同签订日】（不约定前提条件）或【生效日】（约定前提条件）。

需要注意的是，某些单独完成的事项（如融资协议等）可以在项目合同之外并在项目合同签订前分别完成的，通常不在项目合同中约定为前提条件，而仅在项目合同签订后方能完成的事项可以作为前提条件。当前提条件存在时，相关方有义务尽合理努力以满足前提条件，并负有约定的其他义务，如保密义务。但英国《标准化 PF2 合同》并未就如何约定前提条件的条款以及未能被满足的结果作进一步的说明。

二、澳大利亚《国家 PPP 指南》中的“前提条件”

澳大利亚《国家 PPP 指南》中，前提条件的满足即为融资交割，从该日起项目合同的各方有义务开始执行项目合同。在该指南中，“前提条件”分别出现在“政府付费的商业原则”以及“使用者付费的商业原则”中，但大体内容基本一致，总结如下：

	条款及内容
章节标题	融资交割的前提条件
原则	在每一个前提条件被满足或放弃前，项目合同不开始实施。
概览	前提条件是指在项目合同的大部分生效以前必须满足的某些条件。前提条件被满足的当日称作为融资交割。 在融资交割的当日： （1）项目合同项下各方的义务具有约束力； （2）利率协议开始执行，基准财务模型被重新设置以反映利率的设置并且服务费用被固定。
义务	社会资本一方应自费确保每一个前提条件在目标日期前得以满足。
内容	通常至少有以下前提条件需要社会资本方满足（所适用的前提条件的选择将根据项目性质、联合体的结构以及其他政府的特殊要求来判断） （1）提交在形式及实质上满足政府要求的相关项目合同和主要分包合同的签署复印件； （2）提交所有经适当签署并认证的融资协议复印件，以及根据融资协议规定融资前提条件已经全部被满足或放弃的证明； （3）社会资本、贷款人、主要分包商签署项目合同、融资协议、主要分包协议所需要的授权和批准（在形式和实质上被政府接受）的证明文件； （4）所需保单生效及提供支付证明； （5）提供任何需要的企业或联合体的信息。
放弃	仅前提条件的受益方方可放弃前提条件。

续表

	条款及内容
前提条件保函	社会资本方可能被要求在签订项目合同前提供一定金额的前提条件保函。政府可以在社会资本方在目标日期前未能满足或放弃任何前期条件时要求提取前提条件保函。
终止	若有一个前提条件在目标日期前未能被满足或放弃，政府可以终止项目合同。在这种情况下： （1）任何一方均无权向另一方就项目合同主张权利，但已明确表示尽管前提条件未被满足或放弃仍然生效的除外； （2）项目合同项下以及与项目有关的各方所有权利和义务终止； （3）政府可以提取前提条件保函。 政府方也可以延长前提条件满足的目标日期。
政府批准	在某些司法管辖区内，政府需要在融资交割前根据该州、区域或国家法律的要求获得审批。

三、我国《PPP 项目合同指南（试行）》中的“前提条件”

	条款及内容
意义	一般情况下，PPP 项目合同条款并不会在合同签署时全部生效，其中部分特定条款的生效会有一定的前提条件。只有这些前提条件被满足或被豁免的情况下，PPP 项目合同的全部条款才会生效。
含义	前提条件也叫先决条件，是指 PPP 项目合同的某些条款生效所必须满足的特定条件。
作用	只有满足了如融资交割、审批手续等前提条件才可能真正实施项目，因此设置前提条件有利于降低项目的实施风险。
义务	社会资本一方应自费确保每一个前提条件在目标日期前得以满足。
常见的前提条件	（1）完成融资交割； （2）获得项目相关审批； （3）保险已生效； （4）项目实施的相关其他合同已经签订； （5）其他前提条件，如提交建设期履约保函等担保。

续表

	条款及内容
豁免	上述前提条件可以被豁免，但只有负责满足该前提条件的一方的相对方拥有该豁免权利。
未满足前提条件的后果	（1）合同终止：如果双方约定的上述任一前提条件在规定的时间内未满足，并且另一合同方也未同意豁免或延长期限，则该合同方有权终止项目合同。 （2）违约赔偿：如因合同一方未能在规定的时间内满足其应当满足的前提条件而导致合同终止，合同另一方有权向其主张一定的经济赔偿。

四、实践中常遇到的有关“前提条件”的问题

1.“前提条件”是不是PPP项目合同生效的条件?

不是。通常情况下，PPP项目合同符合法定条件即生效，“前提条件”的满足与否与PPP项目合同的生效无关。另外，“前提条件”的履行也必须以合同生效为首要条件，而“前提条件”的满足或豁免仅是双方履行PPP项目合同中大部分条款的先决条件，只有“前提条件”被满足或被豁免后，双方才有义务履行其他条款。

2.是不是必须设定“前提条件”？

不是。前期条件本身也是PPP项目合同签约双方需要履行的义务，即便不作为前提条件，双方同样有义务履行并完成这些工作，只是不作为执行其他条款的前置条件。另外，就这些条件的未满足的救济，也可直接关联到合同终止。而作为前提条件的好处之一，就是督促各方尽快满足这些条件。另外由于前提条件未满足而提前终止的处理方式与进入建设期或运营期提前终止的处理方式不同，前提条件未满足而导致的终止时政府方不需要支付终止补偿金，而仅根据未满足条件的理由和情形由负责满足的一方承担一定的违约责任即可。

3.“前提条件”通常都有哪些?

（1）成立项目公司完成第一笔注资，并签订PPP项目补充协议。

若PPP项目合同是中标社会资本方和项目实施机构签署的，则需要在签署之后尽快完成项目公司的注册，由项目公司与实施机构签订PPP项目合同补充协议并完成第一笔注资，为开展后续工作做好准备。

（2）PPP项目入库审批及政府付费纳入中期财政规划。

这两个条件是社会资本方特别关心的问题，关系到整个合作期限内政府付费的合法性和稳定性。通常融资方也会将PPP项目入库和政府付费纳入中期财政规划作为其放款的条件之一，以确保将来社会资本方现金流的稳定。

（3）完成融资交割。

完成融资交割是PPP项目合同中最重要的前提条件，只有确保融资款到位才能为项目的顺利实施提供保障。融资交割是指社会资本方已与融资方签订融资协议，并且满足融资协议中放款的所有条件，融资方可以放款。

（4）完成审批手续。

通常新建PPP项目需要在开工前完成一系列的审批手续，如立项、规划、土地、开工许可等，具备这些手续后社会资本方方可进行施工。而这些工作通常需要当地政府部门的配合，因此审批手续通常是政府方负责完成的前提条件。

（5）购买保险。

无论是新建项目还是存量项目，政府方都会要求社会资本方分别在建设期和运营期购买相应的保险，以降低项目风险。因此，就新建项目和存量项目而言，需要分别将购买建设期保险和运营期保险作为项目执行的前提条件。

4. 目标日期如何确定？

通常目标日期不宜过长否则起不到督促的作用，但也需要根据所设置的前提条件的性质决定，如设立项目公司、注资、购买保险的时间通常比较好把控，但是审批、完成融资交割的时间则相对不好控制。在目标日期到期前，双方可根据已满足的和未满足的前提条件的情况以及对未满足的原因进行评估以确定是否有必要延长目标日期。经延长以后，在新的延长期内负有满足条件义务的一方应尽可能在延长期内满足前提条件。

5. 是否有必要设置履行前提条件的履约保函？

PPP 项目从采购到建设、运营、移交几乎每个阶段都可以设置相应的履约保函，特别是从建设期履约保函到移交保函几乎是首尾相连中间无缝衔接。但根据《政府采购法实施条例》和《政府采购货物和服务招投标管理办法》的规定“自政府采购合同签订之日起 5 个工作日内退还中标供应商的投标保证金”，也就是说采购阶段的投标保证金在 PPP 项目协议签订后的 5 个工作日内必须退还给供应商，在未到提交建设期履约保函之前的一段时间并没有相应的保函予以保障，而该阶段确实存在由于无法满足一定的前提条件而提前终止项目协议的可能性。在这种情况下由社会资本方提交前提条件的履约保函对政府方来说会更有保障。实践中，有些项目虽然未要求提交前提条件的履约保函，但是会要求社会资本方提前提交建设期履约保函，也就是说项目协议签订后无论何时开工建设，先提交建设期履约保函。在这种情况下，需要注意约定前提条件未满足和建设期履约保函提取的关联性，否则可能存在不能提取的风险。

第五章　项目用地

《PPP项目合同指南（试行）》（以下简称“项目合同指南”）将“项目用地”作为“PPP项目合同的主要内容”，规定“PPP项目合同中的项目用地条款，是在项目实施中涉及的土地方面的权利义务规定，通常包括土地权利的取得、相关费用的承担以及土地使用的权利及限制等内容”；《政府和社会资本合作项目通用合同指南》（2014年版）也规定PPP项目合同中应明确作为PPP“主要事项”的“土地获取和使用权利”“征地、拆迁和安置”，同时可约定“建设用地”作为“政府为项目建设提供的条件”。

本文将简述土地所有权、使用权和土地用途分类，围绕国有建设用地供应、国有土地使用权的取得以及PPP项目实践中的土地相关难点问题进行阐述。

一、土地所有权、使用权和土地用途分类

（一）土地所有权和使用权分类

法律文件	相关规定
《土地管理法》	城市市区的土地属于国家所有。 农村和城市郊区的土地，除由法律规定属于国家所有的以外，属于农民集体所有；宅基地和自留地、自留山，属于农民集体所有。 农民集体所有的土地由本集体经济组织的成员承包经营，从事种植业、林业、畜牧业、渔业生产。

续表

法律文件	相关规定
《土地管理法实施条例》	下列土地属于全民所有即国家所有： ①城市市区的土地； ②农村和城市郊区中已经依法没收、征收、征购为国有的土地； ③国家依法征收的土地； ④依法不属于集体所有的林地、草地、荒地、滩涂及其他土地； ⑤农村集体经济组织全部成员转为城镇居民的，原属于其成员集体所有的土地； ⑥因国家组织移民、自然灾害等原因，农民成建制地集体迁移后不再使用的原属于迁移农民集体所有的土地。 单位和个人依法使用的国有土地，由土地使用者向土地所在地的县级以上人民政府土地行政主管部门提出土地登记申请，由县级以上人民政府登记造册，核发国有土地使用权证书，确认使用权。 农民集体所有的土地，由土地所有者向土地所在地的县级人民政府土地行政主管部门提出土地登记申请，由县级人民政府登记造册，核发集体土地所有权证书，确认所有权。 农民集体所有的土地依法用于非农业建设的，由土地使用者向土地所在地的县级人民政府土地行政主管部门提出土地登记申请，由县级人民政府登记造册，核发集体土地使用权证书，确认建设用地使用权。

根据上述规定，我国土地实行公有制，土地所有权包括国有土地所有权和农民集体土地所有权。土地使用权分为国有土地使用权、农村土地承包经营权和农村集体建设用地使用权。

（二）土地用途分类

法律文件	相关规定
《土地管理法》	国家实行土地用途管制制度。国家编制土地利用总体规划，规定土地用途，将土地分为农用地、建设用地和未利用地。 使用土地的单位和个人必须严格按照土地利用总体规划确定的用途使用土地。
《城乡规划法》	城市总体规划、镇总体规划的内容应当包括：城市、镇的发展布局，功能分区，用地布局，综合交通体系，禁止、限制和适宜建设的地域范围，各类专项规划等。

1.《土地管理法》明确将土地分为农用地、建设用地和未利用地，其中：

（1）农用地是指直接用于农业生产的土地，包括耕地、林地、草地、农田水利用地、养殖水面等；

（2）建设用地是指建造建筑物、构筑物的土地，包括城乡住宅和公共设施用地、工矿用地、交通水利设施用地、旅游用地、军事设施用地等；

（3）未利用地是指农用地和建设用地以外的土地。

2. 农用地、建设用地和未利用地的细化分类

国土资源部门在编制土地利用总体规划、规划建设部门在编制城乡规划时，各自将进一步细化和明确土地用途和用地布局。我们将《土地管理法》、土地利用总体规划和城乡规划的土地用途分类进行比较整理如下表所示：

<table>
<tr><td>《土地管理法》</td><td>国土资源部门归口管理《土地利用现状分类》GB/T 21010–2007
（12 一级类、57 二级类）</td><td colspan="2">住房和城乡建设部门归口管理《城市用地分类与规划建设用地标准》GB 50137–2011
（2 大类、9 中类、14 小类）</td></tr>
<tr><td>农用地</td><td>01 耕地
02 园地、03 林地、04 草地、10 交通用地、11 水域及水利设施用地、12 其他用地</td><td>E 非建设用地</td><td>E1 水域、E2 农林用地</td></tr>
<tr><td rowspan="3">建设用地</td><td>07 住宅用地</td><td rowspan="2">H 建设用地</td><td>H1 城乡居民点建设用地</td></tr>
<tr><td rowspan="2">05 商服用地、06 工矿仓储用地、08 公共管理与公共服务用地、09 特殊用地、10 交通运输用地、11 水域及水利设施用地、12 其他用地</td><td>H2 区域交通设施用地、H3 区域公用设施用地、H4 特殊用地、H5 采矿用地</td></tr>
<tr><td>E 非建设用地</td><td>E1 水域、E3 其他非建设用地</td></tr>
<tr><td>未利用地</td><td>04 草地、11 水域及水利设施用地、12 其他用地</td><td>E 非建设用地</td><td>E1 水域、E3 其他非建设用地</td></tr>
</table>

3. 建设用地的细化分类

规划建设部门在编制城乡规划时，还会将建设用地进一步划分，具体划分如下表所示：

<table>
<tr><th colspan="4">《城市用地分类与规划建设用地标准》（GB 50137-2011）
《村庄规划用地分类指南》（2014）
《镇规划标准》（GB 50188-2007）</th></tr>
<tr><td rowspan="5">H 建设用地</td><td rowspan="4">H1 城乡居民点建设用地</td><td>H11 城市建设用地</td><td>R 居住用地、A 公共管理与公共服务用地、B 商业服务业设施用地、M 工业用地、W 物流仓储用地、S 交通设施用地、U 公用设施用地、G 绿地与广场用地</td></tr>
<tr><td>H12 镇建设用地
H13 乡建设用地</td><td>R 居住用地、C 公共设施用地、M 生产设施用地、W 仓储用地、T 对外交通用地、S 道路广场用地、U 工程设施用地、G 绿地</td></tr>
<tr><td>H14 村庄建设用地</td><td>V 村庄建设用地
N 非村庄建设用地
E 非建设用地</td></tr>
<tr><td colspan="2">H15 独立建设用地</td></tr>
<tr><td colspan="3">H2 区域交通设施用地、H3 区域公用设施用地、H4 特殊用地、H5 采矿用地</td></tr>
</table>

二、国有建设用地供应

除少量 PPP 项目中的种植、绿化等内容可以考虑使用农村土地承包经营权外，根据《土地管理法》中“任何单位和个人进行建设，需要使用土地的，必须依法申请使用国有土地”的规定，原则上，PPP 项目建设都需要在国有建设用地上实施（目前经营性农村集体建设用地使用权流转还仅处于试点阶段）。特别是对于园区开发类 PPP 项目，园区开发类 PPP 项目往往具备开发建设面积广、开发建设涉及大量农村集体土地和农用地等特点，因此，建设用地供应是影响园区开发建设进度和收支至为关键的条件之一。本节将围绕国有建设用地供应展开。

（一）国有建设用地供应的条件

法律文件	相关规定
《土地管理法》	任何单位和个人进行建设，需要使用土地的，必须依法申请使用国有土地。前款所称依法申请使用的国有土地包括国家所有的土地和国家征收的原属于农民集体所有的土地。 建设占用土地，涉及农用地转为建设用地的，应当办理农用地转用审批手续。 在土地利用总体规划确定的城市和村庄、集镇建设用地规模范围内，为实施该规划而将农用地转为建设用地的，按土地利用年度计划分批次由原批准土地利用总体规划的机关批准。
《城乡规划法》	城乡规划主管部门不得在城乡规划确定的建设用地范围以外作出规划许可。
《土地利用年度计划管理办法》	土地利用年度计划，是指国家对计划年度内新增建设用地量、土地整治补充耕地量和耕地保有量的具体安排。 新增建设用地量，包括建设占用农用地和未利用地。

根据上述规定，国有建设用地供应前应同时满足如下前提条件：

1. 应在土地利用总体规划确定的建设用地范围内；

2. 应在城乡规划确定的建设用地范围内；

3. 应在土地利用年度计划确定的建设用地总量规模、新增建设用地指标和耕地占补平衡指标内；

4. 如建设占有农用地的，应依法完成农用地转用手续办理；

5. 如建设涉及农村集体用地的，应依法完成农村集体用地征收手续办理。

其中农村集体土地作为国有建设用地供应应完成的简化流程如下图：

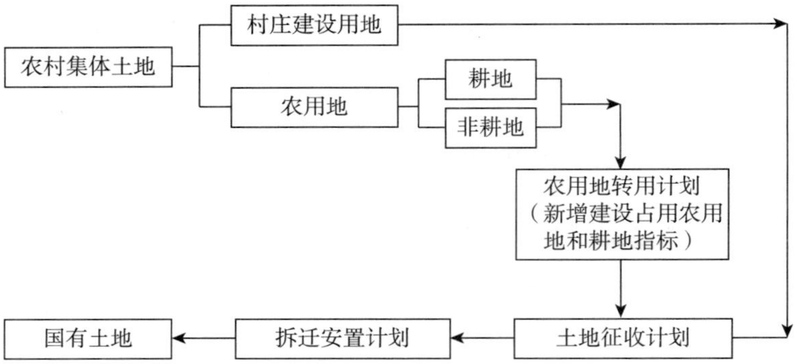

农村集体土地作为国有建设用地供应应完成的简化流程图

（二）土地规划和城乡规划

根据上述（一）所述，国有建设用地的供应应符合相关土地规划和城乡规划，本条将对土地规划和城乡规划的分类及编制审批等基本情况进行介绍。

1. 土地规划

根据《土地管理法》和《土地管理法实施条例》等规定，我们对当前土地规划的分类及编制审批等基本情况梳理如下：

序号	规划名称		编制审批程序
1	土地利用总体规划（一般为15年）	全国	国务院土地行政主管部门会同国务院有关部门编制，报国务院批准。
		省、自治区、直辖市	省、自治区、直辖市政府组织编制，报国务院批准。
		省、自治区政府所在地的市，人口在一百万以上的城市以及国务院指定的城市的土地利用总体规划	由各市政府组织编制，经省、自治区政府审查同意后，报国务院批准。
		其他市（自治州）、区、县	本级政府土地行政主管部门编制，逐级报省、自治区、直辖市政府批准。
		乡（镇）	由乡（镇）人民政府编制，逐级上报省、自治区、直辖市人民政府或者省、自治区、直辖市人民政府授权的设区的市、自治州人民政府批准。

续表

序号	规划名称	编制审批程序	
2	土地利用年度计划	编制审批程序同土地利用总体规划	
3	年度土地储备计划	市、县国土资源部门，财政及当地人民银行相关分支行等部门共同编制，报同级人民政府批准，并报上级国土资源管理部门备案。	·年度储备土地规模； ·年度储备土地前期开发规模； ·年度储备土地供应规模； ·年度储备土地临时利用计划； ·计划年度末储备土地规模。

注：上述各类规划涉及的修改由原审批机关批准。

根据上述规定，PPP项目中如涉及土地规划编制、审批、调整的，应注意特定的土地规划需报由具有相应规划编制权、审批权的机关进行编制、审批及调整。

2. 城乡规划

根据《城乡规划法》《城市规划编制办法》《村庄和集镇规划建设管理条例》等相关规定，我们对我国城乡规划体系梳理如下：

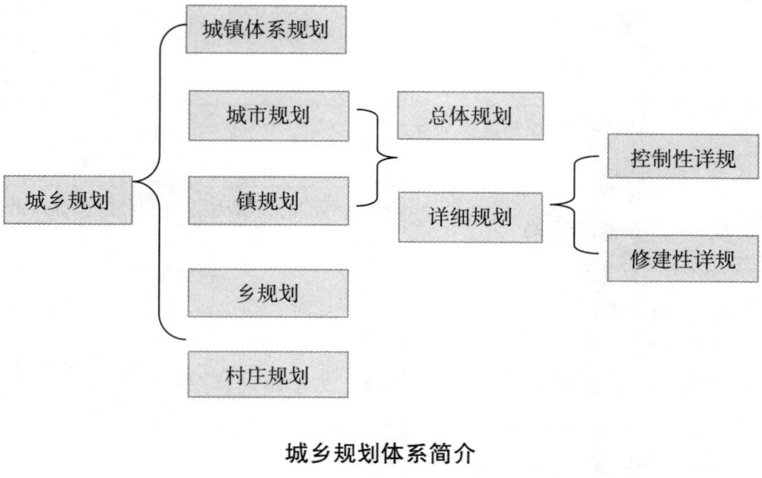

城乡规划体系简介

当前我国各级、各类城乡规划编制和审批主体如下：

<table>
<tr><th>序号</th><th colspan="2">规划名称</th><th>组织编制部门</th><th>审批部门</th></tr>
<tr><td>1</td><td colspan="2">全国城镇体系规划</td><td>国务院城乡规划主管部门会同国务院有关部门</td><td>国务院</td></tr>
<tr><td>2</td><td colspan="2">省域城镇体系规划</td><td>省、自治区人民政府城乡规划主管部门</td><td>国务院</td></tr>
<tr><td rowspan="3">3</td><td rowspan="3">城市总体规划（一般为20年）</td><td>直辖市政府所在地的城市及国务院确定的城市</td><td rowspan="3">市级城乡规划主管部门组织编制，市人大常委会审议</td><td>国务院</td></tr>
<tr><td>省、自治区政府所在地城市及国务院确定的城市</td><td>由省、自治区人民政府审查同意后，报国务院审批</td></tr>
<tr><td>其他城市</td><td>由省、自治区人民政府</td></tr>
<tr><td rowspan="2">4</td><td rowspan="2">镇的总体规划</td><td>县政府所在地镇的总体规划</td><td>县政府组织编制，县人大常委会审议</td><td>县政府的上一级政府</td></tr>
<tr><td>其他镇的总体规划</td><td>镇政府组织编制，镇人大审议</td><td>镇政府的上一级政府</td></tr>
<tr><td>5</td><td colspan="2">城市控制性详细规划</td><td>城乡规划部门</td><td>经本级人民政府批准后，报本级人大常委会和上一级人民政府备案</td></tr>
<tr><td rowspan="2">6</td><td rowspan="2">镇的控制性详细规划</td><td>县政府所在地镇的控制性详细规划</td><td>县政府</td><td>经县政府批准后，报本级人大常委会和上一级政府备案</td></tr>
<tr><td>其他镇的控制性详细规划</td><td>镇政府</td><td>报县政府审批</td></tr>
<tr><td>7</td><td colspan="2">重要地块修建性详细规划</td><td colspan="2">城市、县人民政府城乡规划部门和镇人民政府组织编制，应符合控制性详细规划</td></tr>
<tr><td>8</td><td colspan="2">乡规划、村庄规划</td><td>乡、镇政府</td><td>上一级政府审批</td></tr>
<tr><td>9</td><td colspan="2">近期建设规划（规划期限为5年）</td><td>城市、县、镇人民政府</td><td>报总体规划审批部门备案</td></tr>
</table>

注：上述各类规划涉及的修改由原审批机关批准。

PPP项目中如涉及城乡规划编制、审批、调整的，应注意特定的城乡规划需由具有相应规划编制权、审批权的机关编制、审批及调整。

3. 土地规划、城乡规划与国民经济和社会发展规划的衔接

根据《国务院关于加强国民经济和社会发展规划编制工作若干意见》，"我国国民经济和社会发展规划分为三级三类规划管理体系，按行政层级分为国家级规划、省（区、市）级规划、市县级规划；按对象和功能类别分为总体规划、专项规划、区域规划"。国民经济和社会发展规划是其他各类规划编制的原则及依据，土地规划、城乡规划及国民经济与社会发展规划应相互协调、相互衔接。

法律文件	相关规定
《土地管理法》	城市总体规划、村庄和集镇规划，应当与土地利用总体规划相衔接； 土地利用年度计划，根据国民经济和社会发展计划、国家产业政策、土地利用总体规划以及建设用地和土地利用的实际状况编制。
《城乡规划法》	城市总体规划、镇总体规划以及乡规划和村庄规划的编制，应当依据国民经济和社会发展规划，并与土地利用总体规划相衔接。

综上所述，为满足具体PPP项目中项目用地的供应需要，政府方应注意项目用地与现有各类规划的衔接，如部分所需规划还未编制，政府方需根据已有规划协调组织编制所需规划并获得审批，如项目用地需求与现有规划相冲突，还应考虑适当调整项目边界条件或按照相关规划调整程序及时启动修规程序。

（三）土地指标的获取、农用地转用及土地征收

根据上述第（一）条所述，项目用地在作为国有建设用地供应前还需根据土地所有权和规划用途的现状情况取得新增建设用地指标、办理农用地转用和土地征收等。下文将介绍如何获取新增建设用地指标和耕地占补平衡指标，以及如何办理农用地转用和集体用地征收。

1. 新增建设用地指标的获取

我国实行最严格的耕地保护制度，严格限制农用地转为建设用地，控制建设用地总量。

法律文件	相关规定
《土地管理法》	地方各级人民政府编制的土地利用总体规划中的建设用地总量不得超过上一级土地利用总体规划确定的控制指标，耕地保有量不得低于上一级土地利用总体规划确定的控制指标。
《土地利用年度计划管理办法》	新增建设用地计划指标包括新增建设用地总量和新增建设占用农用地及耕地指标； 新增建设用地计划指标实行指令性管理，不得突破。
《深化农村改革综合性实施方案》	按照有关法律法规，完善和拓展城乡建设用地增减挂钩、"地票"等试点，推动利用城乡建设用地增减挂钩政策支持易地扶贫搬迁。
《国务院关于深化改革严格土地管理的决定》	鼓励农村建设用地整理，城镇建设用地增加要与农村建设用地减少相挂钩。

根据上述规定，新增建设用地指标的获取包括以计划方式和以市场化方式取得两种，当前，以市场化方式获取仍处于试点中。

（1）以计划方式获取新增建设用地指标

以计划方式获取的指标包括各级政府年度土地利用计划确定的计划指标和单独选址的重点项目建设用地指标两种，以下分别阐述：

①年度计划指标

根据《土地利用年度计划管理办法》的规定，全国土地利用年度计划中确定的新增建设用地总量规模和新增建设用地指标将逐级分解并下达至各级地方政府。省级政府可根据省级重点建设项目安排、建设项目用地预审和市县建设用地需求，合理确定预留的新增建设用地指标，而市县级政府的计划指标应当一次性全部下达。

逐级分解下达的计划指标应明确年度新增建设用地指标总量、建设占用农用地指标、建设占用耕地指标和建设占用未利用地指标。

②单独选址重点项目建设指标

省级政府国土资源部门在分解下达年度计划指标时，一般会预留部分计划指标用于支持新增省级重点项目的建设，满足省级重点项目条件的项目可单独向省级政府国土资源部门申请新增建设用地指标。

（2）以市场化方式获取新增建设用地指标

以市场化方式获取新增建设用地指标目前已在多地省市开展试点，包括城乡建设用地增减挂钩指标流转和“地票”交易两种方式，下面分别阐述。

①城乡建设用地增减挂钩指标流转

根据《城乡建设用地增减挂钩试点管理办法》（国土资发［2008］138号）规定，“城乡建设用地增减挂钩，即城镇建设用地增加和农村建设用地减少相挂钩，是指依据土地利用总体规划，将拟整理复垦为耕地的农村建设用地地块（即拆旧地块）和拟用于城镇建设的地块（即建新地块）等面积共同组成建新拆旧项目区，通过建新拆旧和土地整理复垦等措施，在保证项目区内各类土地面积平衡的基础上，最终实现建设用地总量不增加，耕地面积不减少、质量不降低，城乡用地布局更合理的目标。”

按照现行增减挂钩试点的运行方式，增减挂钩试点工作必须经国土资源部批准，并控制在国家和地方各级政府逐级分解下达的年度增减挂钩指标规模内。通过建新拆旧项目区土地整理、复垦等置换出的耕地建设用地指标，只能在建新拆旧项目区所在县县级行政区域内流转使用。

而《国土资源部关于用好用活增减挂钩政策积极支持扶贫开发及易地扶贫搬迁工作的通知》（国土资规［2016］2号）规定：“集中连片特困地区、国家扶贫开发工作重点县和开展易地扶贫搬迁的贫困老区开展增减挂钩的，可将增减挂钩节余指标在省域范围内流转使用”，在满足特定条件下，增减挂钩指标已可在省域范围内跨市域异地流转使用。

②“地票”交易

“地票”交易即指建设所需土地指标交易。“地票”交易目前已在多省市进行试点，以下主要介绍江苏省和南京市的操作方式。

江苏省于2014年建立了省级补充耕地交易平台，作为全省补充耕地指标（红票）在省域内跨市县交易的唯一平台，实现了省域内补充耕地指标的易地有偿调剂。根据《江苏省补充耕地指标交易管理暂行办法》（苏国土资发［2014］10号），可供交易的补充耕地交易指标，是指通过土地整治新增的、经验收合格完成报备、纳入省补充耕地交易指标库，可用于耕地占补平衡的指标。

南京市于2014年建立了市、区两级土地指标交易平台。根据《南京市土地指标交易配置暂行办法》（宁政发［2014］101号）规定，可供交易的指标包括补充耕地指标（红票）、建设用地指标（绿票）和规划空间指标（蓝票）。

2. 农用地转用审批程序

根据《土地管理法》相关规定，建设项目占用农用地，在符合土地利用年度计划确定的农用地转用指标要求（如建设项目占用耕地的，还应符合建设占用耕地指标要求）的基础上，应依法办理农用地转为建设用地手续，农用地转用的具体审批程序如下表：

农用地转用范围	审批程序
国务院批准的建设项目占用土地	国务院批准
省、自治区、直辖市政府批准的道路、管线工程和大型基础设施建设项目占用土地	国务院批准
在土地利用总体规划确定的城市和村庄、集镇建设用地规模范围内的，为实施该规划之目的	按土地利用年度计划分批次由原批准土地利用总体规划的机关批准
在已批准的农用地转用范围内的具体建设项目占用土地	市、县人民政府批准
上述款以外的建设项目占用土地	省、自治区、直辖市政府批准

3. 土地征收审批程序

根据《土地管理法》的规定，建设项目涉及农村集体用地的，应依法办理土地征收手续，将集体用地转为国有土地，具体审批程序如下表：

征收范围	审批程序
基本农田、基本农田以外的耕地超过三十五公顷的、其他土地超过七十公顷的	国务院批准
上款规定以外的土地	省、自治区、直辖市政府批准，并报国务院备案

如征收的农村集体用地为农用地的，原则上在办理土地征收手续前，应先完成农用地转用审批。但根据土地管理法的规定，在以下两种情形下，审批机关可在办理农用地转用审批时同时办理土地征收审批：

（1）经国务院批准农用地转用的；

（2）经省、自治区、直辖市政府在征地批准权限内批准农用地转用的。

（四）园区开发类 PPP 项目中关于国有建设用地供应的约定

如本节文首所述，建设用地供应是影响园区开发 PPP 项目建设进度和收支至为关键的条件之一，在该类 PPP 项目中政府方与社会资本方通常会在 PPP 项目合同对国有建设用地供应进行明确约定。

1. 国有建设用地供应中的不同利益考量

因土地供应需要投入土地储备成本，基建和公建的建设和产业招商都需要建设用地供应，同时该类项目中社会资本方的收入通常与合作区域内产生的财政性收入（包括国有土地使用权出让收入、税收收入和非税收入）密切相关。因此，国有建设用地供应与项目开发进度、土地整理投资成本及现金流回收等方面的平衡是 PPP 项目双方关注的重点。

2. 国有建设用地供应中的责任和风险承担

如上所述，基于不同的利益考量，政府方与社会资本方通常会在 PPP

项目合同中围绕国有建设用地的供应作出如下约定：

（1）规划的编制 / 修改的审批：由于土地利用总体规划和城乡规划均应由政府有关部门组织编制 / 修改并通过审批，因此规划获批的风险通常由政府方承担；

（2）获取建设用地指标：双方一般会约定由政府方先期向社会资本方提供一定数量的建设用地（或建设用地指标），并会约定政府方应每年向社会资本方提供一定数量的年度计划内的建设用地指标和耕地占补平衡指标。其余指标则需通过市场方式获得，通常可约定由社会资本方负责积极获取购买建设用地指标和耕地占补平衡指标的市场信息，并及时足额提供购买指标所需的资金。总体来说，获取建设用地指标是政府方的责任和政府方需要承担的风险；

（3）土地征收和拆迁安置：土地征收和拆迁安置工作的具体实施应由政府方负责，社会资本方提供拆迁安置服务。除非因社会资本方未能按合同约定提供拆迁安置补偿服务，土地征收和拆迁安置的风险通常由政府方承担。

三、国有土地使用权的取得

如上述（二）文首所述，PPP 项目主体进行项目建设需要通过合法的方式获得国有建设用地，本节将围绕国有建设用地的取得展开。

根据相关规定，我国国有土地使用权取得方式包括划拨、出让、租赁、作价出资（入股）四种，如下图所示：

（一）划拨取得

土地使用权的划拨取得应符合《划拨用地目录》的规定，基于土地市场的规范性要求，划拨的土地政策趋紧，国土资源部于 2014 年出台的《节约集约利用土地规定》进一步明确了划拨土地有限的使用范围，并进

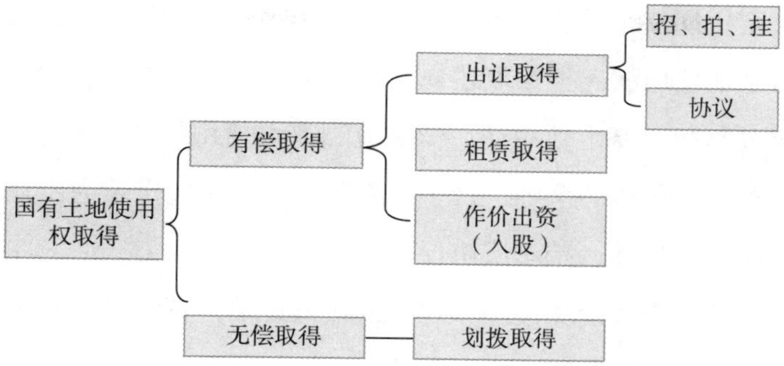

国有建设用地取得方式简介

一步扩大了国有土地有偿使用的范围，规定“国家扩大国有土地有偿使用范围，减少非公益性用地划拨。除军事、保障性住房和涉及国家安全和公共秩序的特殊用地可以以划拨方式供应外，国家机关办公和交通、能源、水利等基础设施（产业）、城市基础设施以及各类社会事业用地中的经营性用地，实行有偿使用”；2016 年发布的《关于扩大国有土地有偿使用范围的意见》也明确，“加快修订《划拨用地目录》，缩小划拨用地范围”。

（二）出让取得

土地使用权出让可以以招标、拍卖、挂牌或协议出让的方式进行，但应以招、拍、挂出让为主，协议出让为辅，即除根据相关规定应当采用招、拍、挂出让方式外的，方可采取协议方式出让。根据当前土地招、拍、挂的相关规定，应当采用招、拍、挂出让的土地类型包括工业（包括仓储用地，但不包括采矿用地）、商业、旅游、娱乐和商品住宅等经营性用地以及同一宗地有两个以上意向用地者的情况。

（三）租赁取得

根据《规范国有土地租赁若干意见》，国有土地租赁是指“国家将国有土地出租给使用者使用，由使用者与县级以上人民政府土地行政主管部门签订一定年期的土地租赁合同，并支付租金的行为”，承租人通过租赁取得承租土地使用权。根据上述规定，通常“对因发生土地转让、场地出租、企业改制和改变土地用途后依法应当有偿使用的，可以实行租赁”，现行相关规定对租赁的范围进行了严格限制，将租赁定位为出让的补充。租赁可具体采用招标、拍卖或协议方式，如采取协议方式，应注意的是，租金不得低于出租底价和按国家规定的最低地价折算的最低租金标准（且租金应已考虑征地、拆迁地土地费用）。

（四）作价出资（入股）

作价出资（入股）适用于国有企业改革中涉及的划拨土地使用权的处置以及部分相关法律文件中明确列明的特定行业的项目（本文下述部分将详述）。

（五）无偿使用

实践中，政府方希望保留项目设施的所有权，许多 PPP 项目中由政府方出资代表（通常为地方融资平台公司）或其他主体先行以划拨方式取得国有土地使用权，待项目公司设立后由使用权人通过无偿使用（非划拨）等模糊的形式将土地使用权提供给社会资本方使用。

然而，根据划拨土地管理的相关规定，划拨土地进行转让或出租等应符合相应的条件，且需补交出让金。划拨土地使用权人通过无偿使用（非划拨）等模糊的形式将划拨土地使用权提供给社会资本方使用，并不符合将划拨土地进行转让或出租的相关规定，也不属于现行国有土地管理法律法规框架下允许的土地取得方式，存在被收回土地使用权或被补充征缴土地出让金的风险，因此，如政府方希望在 PPP 项目中采用这种方式提供项目用地的土地使用权，双方应注意在 PPP 项目合同中做出相关的约定。原则上，该种土地使用方式所产生的相应风险应由政府方予以承担。

四、PPP 项目操作的土地相关问题

（一）土地储备与 PPP

法律文件	相关规定
《土地储备管理办法》，以下简称“国土资发［2007］277”	土地储备，是指市、县人民政府国土资源管理部门为实现调控土地市场、促进土地资源合理利用目标，依法取得土地，进行前期开发、储存以备供应土地的行为。土地储备工作的具体实施，由土地储备机构承担。 土地储备机构应对储备土地进行必要的前期开发，使之具备供应条件。 前期开发涉及道路、供水、供电、供气、排水、通讯、照明、绿化、土地平整等基础设施建设的，要按照有关规定，通过公开招标方式选择工程实施单位。
《关于加强土地储备与融资管理的通知》，以下简称“国土资发［2012］162”	土地储备机构应组织开展对储备土地的前期开发，为政府供应“净地”提供有效保障。进行道路、供水、供电、供气、排水、通讯、照明、绿化、土地平整等基础设施建设的，应通过公开招标方式选择工程设计、施工和监理等单位，不得通过下设机构进行工程建设。
《关于规范土地储备和资金管理等相关问题的通知》，以下简称“财综［2016］4”	土地储备机构承担的依法取得土地、进行前期开发、储存以备供应土地等工作主要是为政府部门行使职能提供支持保障，不能或不宜由市场配置资源。 地方国土资源主管部门应当积极探索政府购买土地征收、收购、收回涉及的拆迁安置补偿服务。土地储备机构应当积极探索通过政府采购实施储备土地的前期开发，包括与储备宗地相关的道路、供水、供电、供气、排水、通讯、照明、绿化、土地平整等基础设施建设。 储备土地的前期开发，仅限于与储备宗地相关的道路、供水、供电、供气、排水、通讯、照明、绿化、土地平整等基础设施建设。
《关于联合公布第三批政府和社会资本合作示范项目加快推动示范项目建设的通知》，以下简称“财金［2016］91”	PPP 项目主体或其他社会资本……不得作为项目主体参与土地收储和前期开发等工作。
《财政部关于坚决制止地方以政府购买服务名义违法违规融资的通知》，以下简称“财预［2017］87”	严禁将储备土地前期开发等建设工程作为政府购买服务项目。

1. 土地储备的内容

根据国土资发［2007］277、国土资发［2012］162以及财综［2016］4的规定，土地储备包含土地收储与前期开发两部分内容，其中：土地收储指通过征收、收购、收回等方式依法取得土地；前期开发指取得土地后进行的与储备宗地相关的道路、供水、供电、供气、排水、通讯、照明、绿化、土地平整等基础设施建设。

2. 土地储备是否可适用PPP模式

根据财金［2016］91，“PPP项目主体或其他社会资本……不得作为项目主体参与土地收储和前期开发等工作”，结合财金［2016］91的发文背景（公布财政部政府与社会资本合作第三批示范项目），以及我们与财政部和国土部门相关领导的沟通释义，我们理解其含义应为：土地收储与前期开发工作不得单独以PPP模式进行，PPP项目的项目主体不得作为土地收储及前期开发工作的项目主体进行土地收储及前期开发工作。

（1）土地储备能否单独采用PPP模式

我们认为，土地储备的主要内容是资金投入和建设，并不包含运营的需求，不应单独采用PPP模式。

（2）土地储备与单体PPP项目（园区开发类PPP项目以外）

单体PPP项目中，土地储备工作也不宜作为合作范围的内容，通常由政府方先行完成，因土地储备发生的费用也由政府方先行支付。双方通常在PPP项目合同中约定：土地储备的相关费用由社会资本方据实向政府方返还，作为前期费用纳入项目总投资中。

（3）土地储备与园区开发类PPP项目

在园区开发类PPP项目中，土地储备与园区中的基础设施建设、公共设施建设、产业招商等工作密不可分，需要同步进行、协调推进。不论是从资金需求还是项目推进需要，政府方都希望将土地储备作为片区开发PPP项目合作内容的一部分。在实际操作中，我们通常采用以下方式将土地储备纳入 PPP 项目合作内容：

①土地收储作为土地收储服务纳入 PPP 项目合作范围。具体可包括土地征收前期入户调查和模拟拆迁等服务，土地征收、收购相关的勘测、评估、审查和审计等服务，征收拆迁安置补偿服务等。为避免违反财金［2016］91 中 PPP 项目主体不得作为土地收储项目主体的规定，应在 PPP 项目合同中明确约定土地收储的实施主体依然是土储机构，社会资本方仅负责提供约定的土地储备服务。

②前期开发工作涉及的道路、供水、供电、供气、排水、通讯、照明、绿化、土地平整等工作将形成道路网、水网、电网，则实际是园区内的基础设施建设，因此将其归类为基础设施建设纳入 PPP 项目的合作范围。

（二）PPP 项目中的土地作价出资（入股）

如本文第三条所述，土地作价出资（入股）主要适用于国有企业改革中涉及的划拨土地使用权的处置，而将其运用于 PPP 项目，主要起源于《国务院办公厅转发 < 财政部、发展改革委、人民银行关于在公共服务领域推广政府和社会资本合作模式指导意见 > 的通知》，其中规定“多种方式保障项目用地……以作价出资或者入股方式取得土地使用权的，应当以市、县人民政府作为出资人，制定作价出资或者入股方案，经市、县人民政府批准后实施”，但该文件并非与国土资源部门共同发布。随后，由国土资源部门联合签署或单独签发的文件中就 PPP 项目中土地作价出资（入股）进行了相应的规定，主要包括：

法律文件	相关规定
财金［2016］91	不符合《划拨用地目录》的，除公共租赁住房和政府投资建设不以营利为目的、具有公益性质的农产品批发市场用地可以作价出资方式供应外，其余土地均应以出让或租赁方式供应，及时足额收取土地有偿使用收入。

续表

法律文件	相关规定
国土资厅［2016］38	现阶段仅政府投资建设不以营利为目的、具有公益性质的农产品批发市场和公共租赁住房两类项目用地可以作价出资（入股）方式使用新供建设用地。作价出资（入股）土地应当以市、县人民政府作为出资人，制定作价出资或者入股方案，经市、县人民政府批准后实施。
《国务院办公厅关于全面放开养老服务市场提升养老服务质量的若干意见》	对在养老服务领域采取政府和社会资本合作（PPP）方式的项目，可以国有建设用地使用权作价出资或者入股建设。

根据上述规定，我们认为，在PPP项目中可以使用土地作价出资（入股）的仅限于政府投资建设不以营利为目的、具有公益性质的农产品批发市场，公共租赁住房，养老服务领域三个领域，出资人应为市县人民政府，且作价出资或者入股方案应经市、县人民政府批准后实施。同时，在具体操作中，由于PPP项目中政府方对项目公司的出资金额通常较低，而土地价格通常较高，如以土地作价出资（入股），往往不能与政府方的股权比例恰当对应，另一方面，由于土地作价出资（入股）中土地使用权的价格并未经过公开程序竞争确定，对相关官员也存在一定的廉政风险，因此，是否在相关PPP项目中使用土地作价出资（入股）的方式供应土地，还需与当地国土管理部门进行探讨并根据项目具体情况综合考虑。

（三）PPP项目用地者与社会资本采购环节合并实施

在无法采用划拨形式供应土地的PPP项目中，PPP项目用地者与社会资本采购环节合并实施可以解决PPP项目采购和土地出让招、拍、挂程序并行的冲突，也可以起到适当控制土地成本的作用。财政部、国家发改委及国土资源部均出台了一系列政策对此予以鼓励和规范：

法律文件	相关规定
财金［2016］91	依法需要以招标拍卖挂牌方式供应土地使用权的宗地或地块，在市、县国土资源主管部门编制供地方案、签订宗地出让（出租）合同、开展用地供后监管的前提下，可将通过竞争方式确定项目投资方和用地者的环节合并实施。

续表

法律文件	相关规定
《传统基础设施领域实施政府和社会资本合作项目工作导则》，以下简称“发改投资［2016］2231”	采用多种方式保障 PPP 项目建设用地。如果项目建设用地涉及土地招、拍、挂，鼓励相关工作与社会资本方招标、评标等工作同时开展。
国土资厅发［2016］38	下列情形可将通过竞争方式确定项目投资主体和用地者的环节合并实施： ①采用政府和社会资本合作方式实施项目建设时，相关用地需要有偿使用的； ②通过招标方式确定新建铁路项目投资主体和土地综合开发权中标人的； 以合并竞争方式确定项目投资主体和用地者的，市、县国土资源主管部门应依法独立履行编制供地方案、签订供应合同和实施用地供后监管等法定职责。
《住房城乡建设部等部门关于进一步鼓励和引导民间资本进入城市供水、燃气、供热、污水和垃圾处理行业的意见》	有两个以上意向投资者、需要通过竞争方式确定项目投资者的，可在市、县人民政府土地管理部门拟订土地出让方案的基础上，将竞争确定投资者的环节和竞争确定用地者的环节合并进行。

上述财金［2016］91 与国土资厅发［2016］38 对合并实施明确了前提条件：“在市、县国土资源主管部门编制供地方案、签订宗地出让（出租）合同、开展用地供后监管”，即在满足国土部门土地供给基本程序的基础上进行，但对于合并程序实施中的用地范围以及具体的合并程序并未细论。在实际的项目操作中，对于 PPP 项目用地者与社会资本采购环节合并实施还有如下具体问题需要进一步探讨和明确：

1. 关于合并实施中的用地范围，是仅指项目本身的建设用地，还是同时包括为项目配置的作为经营性资源的用地？

如严格理解上述条款，我们认为此处用地应该仅指项目本身的建设用地，但经与相关主管部门沟通，此处也可扩大理解为涵盖与项目本身密切相关、确实起到弥补项目收入不足的经营性资源用地，但是否可以切实操作还需要由各地国土管理部门个案进行判断和审批。实践中，如作为经营性资源的用地与项目本身密切相关，且开发建设金额所占比例较小，则可考虑：（1）将该经营性资源用地的建设内容作为项目配套纳入 PPP 项目范围内作为一个整体进行立项，项目用地一并进行划拨或进而作为整体的项目用地与 PPP 项目进行合并程序招商；（2）如将其作为项目配套与 PPP 项目一并立项存在难度，则也可考虑将经营性资源用地与 PPP 项目进行合并程序。

2. 关于合并程序中 PPP 采购环节，是否仅指招标方式，或指除单一来源采购外的另外四种采购方式？

根据发改投资［2016］2231，“项目建设用地涉及土地招拍挂，鼓励相关工作与社会资本方招标、评标等工作同时开展”，显然此处所指 PPP 采购环节所采用的程序为招标方式。而晚于发改投资［2016］2231 的国土资厅发［2016］38 号的表述则为：“将通过竞争方式确定项目投资主体和用地者的环节合并实施”，对 PPP 采购环节仅提“通过竞争方式确定”，未限制为“招标”方式，这一点与财金［2016］91 的表述一致。基于国土部门归口管理的特性，实操中合并程序可将 PPP 社会资本的采购环节理解为除单一来源采购外的四种采购方式。

3. 关于合并程序的具体路径

《如何实现土地招拍挂与 PPP 社会资本竞争采购环节的合并？》（孟奕、江杰慧、周兰萍著）一文对合并程序进行了较为翔实的分析，我们认为在目前相关政策文件层面尚不清晰的情形下，该种比较分析对合并程序的具体操作具有一定的参考价值。该文通过比较分析认为，土地使用权的招标出让程序仅与 PPP 项目招标程序之间较为契合，在项目实施计划的制定、出让方案和项目实施方案的编制、对参与方的资格预审等方面等程序上具有类似性，因此，在与确定用地者环节合并时，建议 PPP 项目采用公开招标的程序。

该文对土地招标出让与 PPP 项目招标程序二者合并实施的路径设想如下：

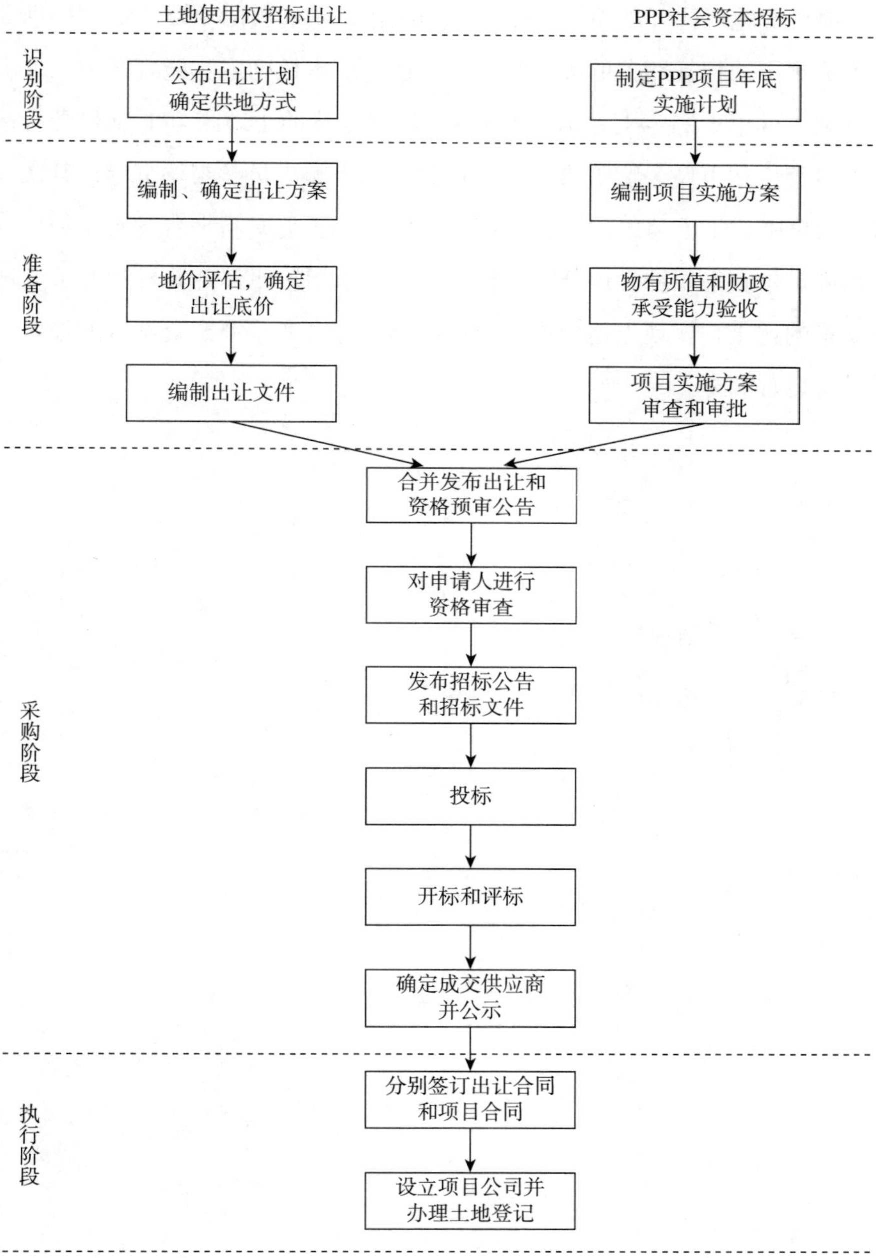

合并招标程序设想流程图

在具体的实施程序中，首先，可由地方政府授权国土资源部门协助

PPP 项目实施机构开展项目准备与采购工作，明确由国土资源部门协助项目中关于土地招标相关的准备和采购工作，如审核确定实施方案中土地出让方案（或单独制定土地出让方案），确保出让的土地与 PPP 项目契合，在项目资格预审及采购阶段由国土资源部门委派人员参与评审等；其次，PPP 项目中关于土地出让的相关信息应同时在土地交易平台发布；最后，采购评审中宜采用综合评分法，综合考量土地相关评分要素与 PPP 采购评分要素的比重，实现土地价格竞争性的同时综合考察社会资本方的投资、建设与运营能力。

第六章　项目前期工作

《政府和社会资本合作项目通用合同指南（2014 年版）》（以下简称“通用合同指南”）将“项目前期工作”作为 PPP 项目合同的必备篇章，并认为该章应“重点约定合作项目前期工作内容、任务分工、经费承担及违约责任等事项”。《PPP 项目合同指南（试行）》（以下简称“项目合同指南”）亦在“项目的设计”等章节阐述了项目前期工作相关内容。

项目合同指南及通用合同指南都未明确 PPP 项目合同中前期工作的具体内容，仅通用合同指南提到“如包含工程建设的合作项目，应明确可行性研究、勘察设计等前期工作要求；包含转让资产（或股权）的合作项目，应明确项目尽职调查、清产核资、资产评估等前期工作要求”。结合 PPP 项目特点及建设项目工作阶段的不同，我们在本文中将 PPP 项目的前期工作作如下界定，即存量项目的前期工作为项目移交给社会资本方之前的工作，新建项目（含改扩建项目）的前期工作为项目开工前的工作。

一、存量项目前期工作

存量项目的前期工作内容包括对项目进行尽职调查（包括但不限于收集项目资产的历史资料、清产核资等）、瑕疵修复、资料库的建立、资产评估，以及核实与确认等。

（一）存量资产尽职调查

存量资产是社会资本方履行 PPP 项目合同、提供公共服务的基础，项目采购时存量资产的状况将直接影响社会资本方对 PPP 项目的报价及参与积极性，因此存量资产的产权状况及资产现状不论是对政府方还是社会资本方，都是关注的重点。

1. 尽职调查

实践中，大部分基础设施和公共服务类项目存量资产的建成年限久远、产权主体复杂、债权债务关系混乱，资产的尽职调查及清产核资工作非常繁杂困难，尽职调查工作的开展十分必要也是整个 PPP 项目开始的基础。存量资产的尽职调查工作往往在项目识别论证阶段或在此之前开展，由政府方聘请法律、财务等专业第三方进行。工作内容主要为对项目的建设资料、历史沿革、资产状况、运营数据、债权债务状况、权利限制状况等项目资料的梳理，并形成尽职调查报告等工作成果。

2. 产权梳理及瑕疵修复

基于前述尽职调查的结果，政府方应着手解决相关资产存在的问题，比如产权梳理、资产本身的瑕疵修复等，将不适宜以 PPP 模式进行运营维护的资产剔除出PPP项目范围，并最终确定纳入PPP项目存量资产的范围。

（二）资产评估

根据《政府和社会资本合作项目财政管理暂行办法》（以下简称“财金［2016］92”）“存量项目实施方案的编制依据还应包括存量公共资产建设、运营维护的历史资料以及第三方出具的资产评估报告等”，以及《企业国有资产交易监督管理办法》“产权转让价格应以经核准或备案的评估结果为基础确定”等相关规定，资产评估是存量 PPP 项目必经程序。对纳入 PPP 项目范围的存量资产，政府方应聘请专业机构对拟转让的资产的相应价值（通常为所有权或经营权）进行评估，评估结果将作为存量项目的定价依据。也正因为如此，资产评估工作（包括资产评估结果的备案）通常在项目识别阶段完成。

（三）资料库建立及关键问题披露

对存量资产状况的了解将作为社会资本方投资决策的参考依据。考虑到信息获取的主导性及便利性，披露存量资产基本情况同时应是PPP项目中政府方的基本义务，因此政府方应对披露的存量资产相关资料的真实性、准确性及相对全面性负责。实践中项目资产情况的披露以项目资料库的形式进行，结合资料获取的及时性，通常应在PPP项目采购程序开始前建立项目资料库，并在项目采购阶段对参与项目的社会资本方开放。资料库中通常包括纳入PPP项目范围的存量资产的相关尽职调查工作成果、资产评估报告，以及存量资产其他相关资料。应注意的是，对存量资产存在的预计对社会资本方决策产生较大影响的问题，政府方应注意显著披露不宜模糊处理。

（四）核实与确认

存量项目前期工作的最后一个步骤为对存量资产的核实与确认，具体又包括两部分，其一为项目采购阶段政府方组织的由社会资本方参与的对项目情况的核实与确认。对此，项目采购文件中应明确安排适当时间，组织参与项目的社会资本方对存量资产进行现场查勘和资料审阅，并允许社会资本方进行必要调研，对社会资本方提出的问题进行答疑。

其二为项目采购完成后，项目移交阶段双方对项目资产为核心的项目相关情况的进一步确认。在社会资本方采购完成后、项目正式开始运营前，通常，政府方和中选社会资本将共同对项目情况进行移交核查和交割审计，该项工作是项目正向移交、开始运营前对项目状况最后的确认。在PPP项目合同中，基于上述确认结果合同双方可作出承诺，如：（政府方）已充分披露项目信息 /（社会资本方）根据政府方已披露的项目信息已了解项目状况；已披露的项目信息（通常为资料库资料）将作为项目合同附件或项目采购文件的附件对双方具有约束力。

二、新建项目前期工作

新建项目（含改扩建，下同）的前期工作的内容与项目建设密切相关，本文所指新建项目前期工作为建设项目开工之前的工作，主要包括项目审批/核准/备案、设计、施工报建三部分内容。以实行审批制项目为例，其前期工作内容及流程大致如下：

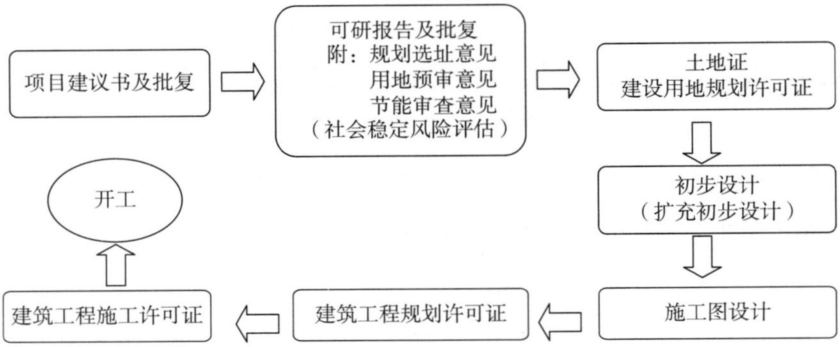

根据各类项目的不同，上述流程所示前期工作会有所不同，如根据《建筑法》的规定“按照国务院规定的权限和程序批准开工报告的建筑工程，不再领取施工许可证”，应注意根据不同项目具体确定。另外，根据修改后的《建设项目环境保护管理条例》（国务院令第682号，2017年10月1日起施行）第九条规定，环评批复在开工建设前完成即可，不再作为可研批复的前置条件。

（一）项目审批/核准/备案

1.PPP项目适用审批制、核准制还是备案制？

法律文件	相关规定
《国务院关于投资体制改革的决定》，以下简称“国发［2004］20”	政府投资资金包括预算内投资、各类专项建设基金、统借国外贷款等。政府投资资金按项目安排，根据资金来源、项目性质和调控需要，可分别采取直接投资、资本金注入、投资补助、转贷和贷款贴息等方式。对于政府投资项目，采用直接投资和资本金注入方式的，从投资决策角度只审批项目建议书和可行性研究报告；采用投资补助、转贷和贷款贴息方式的，只审批资金申请报告。对于企业不使用政府投资建设的项目，一律不再实行审批制，区别不同情况实行核准制和备案制。企业投资建设实行核准制的项目，仅需向政府提交项目申请报告，不再经过批准项目建议书、可行性研究报告和开工报告的程序。

续表

法律文件	相关规定
《中共中央、国务院关于深化投融资体制改革的意见》，以下简称“中发［2016］18”	改进和规范政府投资项目审批制，采用直接投资和资本金注入方式的项目，严格审批项目建议书、可行性研究报告、初步设计。 实行备案制的投资项目，不得设置任何前置条件。实行核准制的投资项目，精简投资项目准入阶段的相关手续，只保留选址意见、用地（用海）预审以及重特大项目的环评审批作为前置条件。
《国家发展改革委办公厅关于国家高速公路网新建政府和社会资本合作项目批复方式的通知》，以下简称“发改办基础［2016］1818”	政府采用投资补助方式参与的国家高速公路网新建 PPP 项目按照核准制管理。政府采用资本金注入方式参与的国家高速公路网新建 PPP 项目仍按照审批制管理，直接报批可行性研究报告。
《企业投资项目核准和备案管理办法》（国家发改委令 2017 年第 2 号），以下简称“发改委 2017 年 2 号令”	本办法所称企业投资项目（以下简称项目），是指企业在中国境内投资建设的固定资产投资项目，包括企业使用自己筹措资金的项目，以及使用自己筹措的资金并申请使用政府投资补助或贷款贴息等的项目。项目申请使用政府投资补助、贷款贴息的，应在履行核准或备案手续后，提出资金申请报告。 实行核准管理的具体项目范围以及核准机关、核准权限，由国务院颁布的《政府核准的投资项目目录》（以下 简称《核准目录》）确定。 企业办理项目核准手续，应当按照国家有关要求编制项目申请报告。 除国务院另有规定外，实行备案管理的项目按照属地原则备案。各省级政府负责制定本行政区域内的项目备案管理办法，明确备案机关及其权限。 实行备案管理的项目，项目单位应当在开工建设前通过在线平台将相关信息告知项目备案机关，依法履行投资项目信息告知义务，并遵循诚信和规范原则。

（1）在讨论 PPP 项目应适用那种投资管理制度之前，应首先明确 PPP 项目是归类为政府投资项目还是企业投资项目？

国发［2004］20 将建设项目分为实行审批制的政府投资项目与实行核

准制及备案制的企业投资项目。政府投资项目的资金来源包括：预算内投资、各类专项建设基金、统借国外贷款；投资方式包括直接投资、资本金注入、投资补助、转贷和贷款贴息五种。也就是说，PPP 项目如需使用上述资金进行直接投资、资本金注入、投资补助、转贷和贷款贴息的，都应归类为政府投资项目适用审批制进行管理。另外需要注意的是，依据国发［2004］20，对于政府投资项目还分为“采用直接投资和资本金注入方式的”，从投资决策角度只审批项目建议书和可行性研究报告；“采用投资补助、转贷和贷款贴息方式的”，只审批资金申请报告。

（2）对审批制的突破规定

根据对当前文件的梳理，可以看到现有规定对国发［2004］20 号中确定的审批制原则有部分突破，如：发改办基础［2016］1818 号规定：“政府采用投资补助方式参与的国家高速公路网新建 PPP 项目按照核准制管理。发改委 2017 年 2 号令将由企业使用自己筹措的资金并申请政府投资补助或贷款贴息的项目，归类为企业投资项目，由企业在履行核准或备案手续后，提出资金申请报告。

另外，《江苏省政府核准的投资项目目录（2015 年本）》规定“政府和社会资本合作（包括政府授予特许经营权、政府补贴、政府购买等）项目，由市、县（市、区）人民政府投资主管部门核准”，也就是说江苏省将 PPP 项目统一归类为核准制的企业投资项目，并未严格按国发［2004］20 中确定的以资金来源及投资方式来决定投资管理制度。

（3）是否所有涉及政府付费的 PPP 项目都为政府投资类项目？

据我们与相关政府投资主管部门相关负责人的沟通了解到，有部分观点认为只要是政府付费类的项目均归类为政府投资类项目，理由是政府付费来源于财政预算，因此最终整个 PPP 项目的投资依然应视为用财政预算来支付，相应地，PPP 项目应作为政府投资项目进行管理。按此观点来看，目前所有纯政府付费、政府可行性缺口补助的 PPP 项目都是政府投资项目，而仅有少量纯使用者付费项目可适用企业投资项目的管理规定。这种观点虽有一定道理，但目前并未有明确的法律政策依据，还需相关部门进一步明确。

2.PPP 项目的实施与项目审批 / 核准 / 备案

法律文件	相关规定
《政府和社会资本合作项目财政管理暂行办法》，以下简称“财金［2016］92”	新建、改扩建项目的项目实施方案应当依据项目建议书、项目可行性研究报告等前期论证文件编制。
发改投资［2016］2231	政府投资项目的可行性研究报告应由具有相应项目审批职能的投资主管部门等审批。可行性研究报告审批后，实施机构根据经批准的可行性研究报告有关要求，完善并确定 PPP 项目实施方案。 重大基础设施政府投资项目，应重视项目初步设计方案的深化研究，细化工程技术方案和投资概算等内容，作为确定 PPP 项目实施方案的重要依据。 实行核准制或备案制的企业投资项目，应根据《政府核准的投资项目目录》及相关规定，由相应的核准或备案机关履行核准、备案手续。项目核准或备案后，实施机构依据相关要求完善和确定 PPP 项目实施方案。 对于一般性政府投资项目，各地可在可行性研究报告中包括 PPP 项目实施专章，内容可以适当简化，不再单独编写 PPP 项目实施方案。

实施方案是 PPP 项目识别论证阶段的核心工作成果及纲领性文件，根据财金［2016］92 及发改投资［2016］2231 的规定，总的来说，PPP 项目实施方案应至少以经批准的项目可研或项目核准或备案后依据相关要求最终确定即可，PPP 项目在确定实施方案以前政府方应已经完成了项目审批 / 核准 / 备案。但，可以注意到，财金［2016］92 并未区分投资项目的具体情形，而将实施方案阶段新建及改建 PPP 项目工作深度统一定为可研阶段。对此，发改投资［2016］2231 则作了进一步区分，其对政府投资项目与实行核准制与备案制的企业投资项目分别进行了阐述，且将政府投资项目分为一般性政府投资项目及重大基础设施政府投资项目，并指出重大基础设施政

府投资项目在识别论证阶段前期工作应至项目初步设计阶段（含该阶段）。

我们非常赞同项目完成审批/核准/备案后，即标的项目概况和估算基本确定并具备了合法的投资项目身份后，才开始实施PPP的项目流程，但此种要求并不能一刀切地去要求所有的PPP项目。比如，园区类项PPP目的控制性详细规划在PPP项目合同签订后方由政府方和社会资本方共同拟定并提交审批，而在相应的控制性详细规划完成前并不具备具体的选址、用地预审、环评、能评等针对单个具体建设项目的审批/核准/备案条件，这给我们参与实施的多个PPP项目带来了实操的困惑，期待政策层能考虑到园区开发类PPP项目的特殊性对其立项要求做出针对性规定。

3. 项目法人

在PPP项目采购之前中选社会资本尚未确定、项目公司尚未成立，因此项目审批/核准/备案的工作通常由实施机构委托当地城投公司（平台公司）作为项目法人进行，如需编制可行性研究报告则由确定的项目法人组织编制，立项前的项目选址、用地预审、环境影响评价及节能审查等工作也由项目法人组织完成。

待中选社会资本确定后，应将项目法人变更为中选社会资本（通常为届时成立的项目公司），发改投资［2016］2231也明确规定："PPP项目法人选择确定后，如与审批、核准、备案时的项目法人不一致，应按照有关规定依法办理项目法人变更手续。"

PPP项目的实践操作中也同时存在由于项目土地使用权无法转让给项目公司，从而项目法人无法变更为项目公司的情形，此时项目公司是实质上的项目法人，但政府指定机构（通常为平台公司）是形式上的项目法人。在相关项目案例里可以看到为解决这种错位，相关部门在施工许可证等相关证照上做灵活处理，如在写明政府指定机构为项目法人的同时备注上"（项目公司名称）"。但这种处理并不能实质上解决矛盾之处，期待政策层对此提出具体的解决对策。

（二）项目设计

结合 PPP 合同指南及相关规定，新建项目的设计包括以下几个阶段：可行性研究（亦可归类入立项环节）、初步设计（或初始设计）、扩初设计（或技术设计）和施工图设计（或施工设计）；其中，扩初设计（或技术设计）通常仅存在于工业项目（包括工艺装置设施）以及复杂的基础设施项目之中。从可研阶段的投资估算到初设概算以及施工图预算，项目设计的不同阶段，项目投资的范围也在不断精确中。根据本文第（一）部分所述，PPP 项目采购时可行性研究应已获审批，此时投资估算往往是社会资本方参与项目的重要参考数据。

根据项目合同指南，“常见的设计工作分工包括：①可行性研究报告、项目产出说明由政府或社会资本方完成。如果 PPP 项目由政府发起，则应由政府自行完成可行性研究报告和项目产出说明的编制工作；如果 PPP 项目由社会资本方发起，则可行性研究报告和项目产出说明由社会资本方完成。②初步设计和施工图设计由项目公司完成。在 PPP 项目合同签署后，项目公司负责编制或最终确定初步设计和施工图设计，并完成全部的设计工作。”

实践中，项目设计工作的分工通常根据项目设计的成熟度结合政府方对项目的监管力度及监管需求等因素确定，另外，通常还应在 PPP 项目合同中约定关于设计权利义务分配、具体流程、风险分配的专章，详细解析参见后续的第八章“项目建设”中的相关内容。

（三）施工报建

广义而言，施工报建工作通常是指办理项目开工之前的各项手续，包括办理建设相关许可证、工程安全监督（安监）、工程质量监督（质监）等，并最终获得建筑工程施工许可证。根据《建筑工程施工许可证管理办法》，应领取施工许可证的建筑工程未取得施工许可证的，一律不得开工，且领取后需按时开工。由于部分PPP项目存在本文上述提到的项目法人变更的问题，通常在PPP项目合同中约定由项目法人负责办理建设工程规划许可证、建设用地规划许可证、土地使用证等，而安监、质监以及建筑工程施工许可证的申领工作应由作为建设单位的社会资本方负责办理。同时，基于施工报建工作对项目建设期及项目进度的影响，为便于报建工作顺利开展，在PPP项目合同中通常约定政府方应对施工报建工作给予必要协助。

三、前期工作费用承担

项目前期工作产生的费用，分为两个部分。其一，在中选社会资本确定前已产生的前期工作费用，该部分费用可由政府方自行承担或在采购文件中明确由社会资本方承担，通常政府方根据自身财力情况及社会资本方的意愿进行考量是否由社会资本方承担。如由社会资本方承担，则可在PPP项目合同中明确前期费用的支付方式，且通常社会资本方希望该部分费用设上限，仅承担上限范围内的金额；此外该部分费用可能产生的相关税费如何承担亦需明确，如由社会资本方先行承担，则通常计入总投资中。其二，在中选社会资本确定后所产生的前期工作费用，该部分费用通常由社会资本方承担，计入项目总投资。

实践中不乏政府方提出将其已承担的前期工作费作为政府方对项目公司的出资的情形，根据《公司法》关于出资应为“货币出资”或“可以用货币估价并可以依法转让的非货币财产作价出资”的规定，此种操作显然是不可行的。

第七章　项目融资

《PPP 合同指南》第五条及《政府和社会资本合作项目通用合同指南》第四章分别提到了“项目的融资”和“投资计划及融资方案”，可见融资问题是 PPP 项目合同中相当重要的一部分内容，PPP 项目的融资通常作为 PPP 项目合同中一个独立的章节进行约定，主要约定三方面的问题：融资金额（也就是融多少资？）、融资方案（怎么融？）和金融机构的介入权。

一、融资金额

所谓融资金额是指一个 PPP 项目在达到可以稳定运营前所需要投入的所有资金。根据项目性质的不同可以分为项目总投资和 TOT 项目转让价款。

1. 项目总投资

针对新建、改扩建项目而言，因在建设期内需要投资建设一定的固定资产，因此这里实际使用的是建设项目总投资的概念。通常会根据 PPP 项目前期工作的进展情况，如：是完成可研审批、初步设计审批、还是施工图设计审批，来确定 PPP 项目合同中所使用的总投资的概念是分别对应估算总投资、概算总投资还是预算总投资。

值得注意的是，根据 PPP 项目的行业特点和地方政府的财政情况，总投资中的部分科目（如规划、设计、立项、征拆迁等）所涉及的投资可能不是由社会资本方完成的，而是由政府自行完成的，这部分投资可由政府方自行决定是否计入社会资本方的项目总投资中：若计入，则由社会资本方融资后返还给政府方，政府给予这部分投资计算投资回报；若不计入，则由政府方自行承担，社会资本方的投资回报中则不包含这部分投资。

2.TOT 项目转让价款

在 TOT 项目中因不涉及固定资产投资建设，而是需要从政府方购买已经建设完成固化的资产或与资产相关的经营权，因此社会资本方为获得资产或经营权所需要的资金并不能称作项目总投资，而应该是资产转让 / 经营权转让价款。TOT 项目资产转让 / 经营权转让价款的确定由于涉及国有资产转让程序与 PPP 项目采购程序的冲突及评估方法等问题一直是 TOT 项目的实施难点，具体解读可参见第二十二章“污水厂存量 TOT 项目合同分享”中的相关内容。

另外，在确定 TOT 项目的转让价款后，社会资本方总的融资金额还需要在转让价款的基础上根据项目情况加上一定金额的铺底流动资金，用于项目前期的基本运转和运营维护。

3. 政府提供资金补助对总投资（融资金额）的影响

根据相关政策，PPP 项目可以在符合条件的情况下向财政部或发改委等部门申请各类资金补助，如针对行业的地下综合管廊专项资金补助、专项建设资金等，这些资金通常在建设期由财政部或发改委等部门提供给社会资本方直接用于项目前期费用支出或项目建设资金，直接核减社会资本方的总投资规模。

二、融资方式

PPP 项目的融资方式约定中通常会约定资本金部分的出资方式和总投资与资本金差额部分的募集方式两部分的内容。

1. 资本金的认缴

（1）是否所有的 PPP 项目都必须适用资本金制度

《国务院关于固定资产投资项目试行资本金制度的通知》（国发［1996］35 号）规定：“从 1996 年开始，对各种经营性投资项目，包括国有单位的基本建设、技术改造、房地产开发项目和集体投资项目，实行资本金制度，投资项目必须首先落实资本金才能进行建设。个体和私营企业的经营性投资项目参照本通知的规定执行。公益性投资项目不实行资本金制度。”但此处并未就“经营性投资项目”和“公益性投资项目”作出明确的定义。

《地方政府融资平台公司公益性项目债务核算暂行办法》规定，“公益性项目，是指为社会公共利益服务、不以盈利为目的的投资项目，如市政建设、公共交通等基础设施项目，以及公共卫生、基础科研、义务教育、保障性安居工程等基本建设项目”。根据该规定，公益性项目的特点是，为社会公共利益服务、非营利性。同时，我们也咨询了相关人士的口头意见：国发［1996］35 号文中的公益性主要指的是非营利性。

值得注意的是，在 PPP 项目中，投资人都是以投资利润为导向的，无论是“准经营性项目”还是“非经营性项目”都将通过获得政府付费或可行性缺口补贴实现“盈利”的目的，因此我们认为，所有的 PPP 项目都应当遵守资本金的相关规定。

（2）资本金和注册资本的区别及相关问题

资本金和注册资本一直是非常容易混淆的两个概念。

①资本金

根据国发［1996］35 号，资本金是指在投资项目总投资中由投资人认缴的出资额，对投资项目来说是非债务性资金，项目法人不承担这部分资金的任何利息和债务；且根据行业和项目经济效益规定了各行业资本金占总投资的最低比例。现根据最新的《国务院关于调整和完善固定资产投资项目资本金制度的通知》（国发［2015］51 号），各行业固定资产投资项目的最低资本金比例普遍在20%—30%之间。也就是说，一个固定资产投资项目总投资中至少有20%—30%的资金必须是由投资人认缴的非债务性资金，这部分非债务性资金就是资本金。有很多客户问及对项目公司提供的股东借款是否可作为项目公司资本金？从上述严格的法律定义上来看，资本金部分不能为债务性资金，而股东借款对于项目公司属于债务性资金，因此项目公司资本金部分不能以股东借款的形式注入。

实践中，资本金占总投资的比例也是银行提供贷款的必要条件之一。根据《贷款通则》第十七条“申请中期、长期贷款的，新建项目的企业法人所有者权益与项目所需总投资的比例不低于国家规定的投资项目的资本金比例”。《项目融资业务指引》第三条“本指引所称项目融资，是指符合以下特征的贷款：（一）贷款用途通常是用于建造一个或一组大型生产装置、基础设施、房地产项目或其他项目，包括对在建或已建项目的再融资”。第八条“贷款人应当按照国家关于固定资产投资项目资本金制度的有关规定，综合考虑项目风险水平和自身风险承受能力等因素，合理确定贷款金额”。第十五条“贷款人应当根据项目的实际进度和资金需求，按照合同约定的条件发放贷款资金。贷款发放前，贷款人应当确认与拟发放贷款同比例的项目资本金足额到位，并与贷款配套使用”。

②注册资本

注册资本属于《公司法》的范畴，是根据《公司法》所设立的公司（包括有限责任公司和股份公司）在其登记机关登记的认缴出资额或股本总额。在PPP项目中通常要求项目公司设立的都是有限责任公司，因此项目公司的注册资本应当符合《公司法》的要求。新修订的《公司法》已经将注册资本实缴登记制变更为认缴登记制（另有规定除外），并且取消了注册资本最低限额的要求，取消了股东首次出资比例的要求。因此，在项目实操中，注册资本的比例可小于或等于资本金的金额，注册资本和资本金之间的差额则通常是以资本公积的形式注入项目公司。

另外，有些客户因得到会计师事务所的建议，认为资本公积的部分可通过财务处理从项目公司以分红的方式收回，因此在PPP项目谈判中尽可能地要求政府降低注册资本的比例。但是，根据《企业财务会计报告条例》的规定，资本公积属于所有者权益，因此资本公积从项目公司的撤出途径通常仅能以转增资本然后履行合法的减资手续方能实现。

（3）资本金认缴

项目公司的资本金应由项目公司的股东，也就是PPP项目中的中标社会资本和政府方出资代表（如有）根据合同约定分别认缴。资本金的筹集是目前社会资本方普遍面临的问题，不论是央企还是民企，都面临资本金不足及项目公司债务出表需求。出于上述原因，目前社会资本方多选择采用与金融机构共同设立基金的方式进行资本金部分的融资，通常有以下几种方式：

第一种方式：由社会资本方与金融机构组成联合体共同参与投标，并在联合体协议以及投标文件中明确中标以后由社会资本方和金融机构共同设立基金作为股东成立项目公司并出资；

第二种方式：由社会资本方与已经组建的基金组成联合体共同参与投标，并在联合体协议以及投标文件中明确社会资本方和基金的出资份额；

第三种方式：由社会资本方单独参与项目的投标，并在社会资本方中标以后由中标社会资本方专门为本项目设立的基金代替中标社会资本方认缴并实缴全部或部分出资，或在项目公司组建以后，中标社会资本方将全部或部分股权转让给中标社会资本方专门为本项目设立的基金，实际由基金履行全部或部分出资义务。

在第一种方式下，由于中标结果和边界条件尚未明确，通常金融机构无法在投标前获得关于设立基金的相关审批手续，若该联合体中标则可能存在金融机构无法获得审批而基金不能如期设立的风险。即便成功设立基金，也可能与采购管理规定或项目公司股权转让的限制存在一定的冲突，为保证其合规性，需要在PPP项目的实施方案和采购文件中予以明确，PPP项目合同中也需要对上述操作方式进行特殊明确约定。

第二种方式需要先行设立基金，而在中标结果和各种条件不明确的情况下，基金事先设立存在较多障碍，因此第二种方式主要适用于已经设立的 PPP 产业基金，而非单独针对某个具体项目设立的投资基金。

第三种方式也是与采购管理规定或项目公司股权转让的限制存在一定的冲突，建议在 PPP 项目的实施方案和采购文件中予以明确，PPP 项目合同中也需要对上述操作方式进行特殊明确约定。

（4）资本金的到位时间

新公司法生效以后，取消了对公司注册资本缴纳期限的规定，投资人可以根据项目需要自行决定注册资本的到位时间。因此在 PPP 项目合同中通常仅规定首笔资金的到位时间，其余资金则根据项目建设进度的需要逐笔到位，且银行一般也是根据资本金到位的比例相应匹配融资资金。

但是实践中政府方和社会资本方经常会为了资本金的到位时间产生分歧，主要原因是政府方认为“落到口袋里的钱才是钱”，希望社会资本方尽快将资本金全部到位，而社会资本方则是从资金利用效率的角度考虑，尽可能不把资金闲置在账户上造成资金占用的浪费。我们认为，从经济、合理的角度考虑，可以根据项目前期工作开展情况（征地拆迁进度等）约定首笔甚至第二笔资本金的金额及到位时间，其余建设资金则可以约定根据建设进度提前注入，否则确实会造成资金的无效占用及浪费，也会相应地导致社会资本方成本上升从而提高项目收费要求。

2. 总投资与资本金差额部分的融资方式

（1）融资责任主体

在 PPP 项目合同中通常约定，由社会资本方负责总投资与资本金差额部分的融资。PPP 项目中社会资本方一个重要的责任就是解决项目融资问题，确保项目资金稳定顺利实施。因此在 PPP 项目中，通常约定中标社会资本方本身具有一定的资金实力，并且要协助项目公司获得项目建设所需要的资金，在项目公司融资困难的情况下为项目融资提供担保或自行补足资金不足的部分。

（2）政府方协助融资的责任

在PPP项目中融资方提供融资通常是有必要条件的，如：项目政府付费纳入中期财政规划的批文及纳入预算的人大决议、项目的立项文件、土地使用权属证书、规划许可证、施工许可证等，以上种种文件或批文都需要政府方负责提供或协助提供，并提供一定的便利条件。另外，在PPP项目合同中通常会约定“为本项目融资需要将项目资产进行抵押或收益权进行质押的，需要事先获得政府方的同意”。因此，政府方有义务就以上情况配合提供便利和资料并做出同意的决定，若政府方不予配合便会导致项目公司不能按时完成融资交割，而在此种情况下就需要在PPP项目合同中区分未能完成融资交割的原因，并由真正的责任方承担违约责任，而不能一概而论均由社会资本方承担。

（3）收益权质押

收益权的质押是目前PPP项目实现项目融资主要运用的增信手段，最高法院第11批指导案例53号确认了政府特许经营权的收益权质押的效力，从该案例总结收益权质押的要点如下：①收益权的性质：收益权是社会资本方的权利，属于“应收账款”的范畴；②质权成立的条件：在中国人民银行征信中心的应收账款质押登记公示系统进行出质登记；③质权的实现方式：质权人主张优先受偿权的，法院可判令出质人将收益权的应收账款优先支付质押人，但应为社会资本方预留经营所需必要合理费用。

三、融资方的介入权

由于项目的提前终止可能会对融资方债权的实现造成严重影响，因此融资方通常要求在PPP项目合同中约定融资方的介入权或签订三方介入协议，希望在发生社会资本方违约事件且社会资本方无法在约定事件内进行补救时，可以自行或委托第三方在项目提前终止前对项目进行补救，尽量避免项目提前终止。

虽然目前实践操作中很多 PPP 项目合同都根据项目合同指南的要求放入了融资方介入权的条款，但通常这类条款也只是原则性地简单规定了融资方享有该等权利，并未就权利行使的条件、方式、介入权的解除等进行详细的规定。主要原因是目前金融机构自身并不具备实施接管 PPP 项目的能力，也不具备选择该等第三方接管机构的能力；再者，政府方通常也不希望由金融机构或者其他第三方对项目实施接管。因此，融资方介入权在实践中的应用并不普遍。但随着 PPP 项目的不断推进及规范化，建议加强对该问题的理论研究，并推进金融机构的创新和实践，使得 PPP 项目合同中融资方介入权的相关条款能够具有可操作性和合理性。

第八章　项目建设

通常包含新建、改建、扩建工程的 PPP 项目，需要在 PPP 项目合同中设置有关建设的相关条款。

《PPP 项目合同指南》第七节对项目建设要求、建设责任、政府方对项目建设的监督和介入分别进行了简单的介绍。《政府和社会资本合作项目通用合同指南》第六章，工程建设约定了合作项目工程条件、进度、质量、安全要求，变更管理，实际投资认定，工程验收，工程保险及违约责任等事项。

我们认为 PPP 项目合同中的“建设”篇章不同于建设工程施工合同，两者的签署主体不同，侧重点也不同，所以不能、也不必要将建设工程施工合同中的条款全部照搬到 PPP 项目合同中。对政府方而言，只需要从把控建设质量、进度、安全、工程变更、投资额认定等角度对社会资本方进行约束即可，其他细节则在所不问。

本篇将主要介绍项目建设中的设计、监理、项目建设范围、建设工期及延期、工程建设项目供应商的选择、变更、交（竣）工验收和项目建设总投资的确定。

一、设计

（一）设计范围

根据《PPP 项目合同指南》第七节，“设计的范围 根据项目的规模和复杂程度，一般来讲设计可以分为三个或四个阶段。对于土建项目，设计通常分为可行性研究、初步设计（或初始设计）和施工图设计（或施工设计）三个阶段；对于工业项目（包括公益装置设置）以及复杂的基础设施项目，通常还要在上述初步设计和施工图设计阶段之间增加一个扩初设计（或技术设计）阶段”。可见广义的设计通常包含可行性研究、初步设计、施工图设计。但根据 PPP 相关法律政策规定，政府方或社会投资方（视哪一方为 PPP 项目发起方而定）应根据经批准的可行性研究报告编制及确定实施方案（对于一般性政府投资项目，可在可行性研究报告中包括 PPP 项目实施专章），因此在进入采购阶段以前可行性研究报告通常是必须完成的。当然这仅是针对单体项目而言，如若是片区开发项目则不可能也不必要完成所有基础设施和公共服务项目建设的可行性研究报告。因此，通常单体 PPP 项目的设计范围可以包含：初步设计、施工图设计。

（二）设计工作的分工

现阶段 PPP 项目的实际操作中，针对传统基础设施工程领域特别是施工和工艺相对比较成熟的工程项目，且政府方出于监管和控制项目造价的考虑，通常由政府方负责完成 PPP 项目的所有前期设计工作。因此在这类 PPP 项目的项目合同中并不需要对“设计”有过多的约定，社会资本方根据政府方完成并经审批的设计成果进行施工即可，当然相关的设计责任由政府方承担。

但对于施工和工艺相对复杂和不那么成熟领域的项目，政府方则需要社会资本方体现其在设计、建设、运营全流程集约化、高效管理方面的经验和能力。因此在由社会资本方负责项目设计的情况下，PPP 项目合同中需要对设计要求、设计前的准备、设计进度、设计审查、设计责任、概预算编制等进行详细的约定。

1. 设计要求

通常双方会在 PPP 项目合同中约定设计的标准和要求。设计标准通常包括与建设工程相关的法律、法规、规章等、强制性技术标准或规范、项目可行性研究报告及批复、环境影响评价报告及批复、双方约定的其他技术标准和规范，以及根据项目特点政府方提出的对建设项目特殊的设计要求。

2. 设计前的准备

通常双方会在PPP项目合同中约定在社会资本方开始设计前，政府方需要提供项目设计所需的所有基础资料和现场障碍资料，并对其真实性、准确性、完整性和及时性负责。资料可能包含施工场地及毗邻区域内的供水、排水、供电、供气、供热、通信（含军用）、广播电视等地下管线资料、气象和水文观测资料，相邻建筑物和构筑物、地下工程的有关资料，以及其他与建设工程有关的原始资料等。

另外，PPP项目合同中也需要明确社会资本方可自行通过合法方式选择有资质的设计单位具体实施项目的设计，政府方可参与选聘过程并进行全程监督。

3. 设计进度

若政府方对建设项目有进度要求的，通常双方会在PPP项目合同中约定：社会资本方应根据项目实施进度要求编制设计进度计划，并经政府方批准后执行。

4. 设计审查

虽然设计工作主要由社会资本方承担，但是双方通常会在PPP项目合同中约定政府方有权对设计结果进行审查，审查通常包含两个层面：一是政府方作为PPP项目的实施机构以及PPP项目合同的甲方对设计的审查；二是发改委或建设主管部门对设计的审查。前者是合同权利，后者是法定权利。此处主要指PPP项目实施机构根据合同所享有的设计审查权，通常包含以下内容：

（1）社会资本方有义务定期向政府方提交设计阶段成果和最终成果，并向政府方汇报设计方案及进度。

（2）政府方有权自行或组织专家对社会资本方提交的设计文件进行

审查，并就设计文件中存在的任何疑问要求社会资本方进行解释或进行修正，有关修正的风险、费用由社会资本方承担。

（3）社会资本方修正后应重新提交政府方审查，直到政府方审查通过后，社会资本方方可提交发改委或建设主管部门进行法定审查。

5. 设计责任

在由社会资本方负责完成项目设计的项目中，PPP 项目合同中通常要约定项目设计责任由社会资本方承担，且该责任不因已由社会资本方分包给其他设计单位或已经政府方审查而被豁免或解除。

6. 概预算编制原则

对于由社会资本方承担概预算编制责任的项目，为避免社会资本方在组织编制概预算时与政府方就编制原则产生争议。PPP 项目合同中通常会就社会资本方概预算编制的原则进行约定：如建筑安装工程费依据哪个政府级别的计价文件、定额及相关取费标准编制；人工、机械台班费按哪个政府级别的公布的政策及造价信息编制；材料按当地哪个平台发布的信息价编制，措施费、税金、劳保、价格调节基金等政策性收费按何规定计取；定额缺项的项目，可编制补充定额或借鉴其他省市已有定额进行计价，没有可借鉴的则由政府方确定项目单价。

另外，双方需要约定预算的确定程序，如由社会资本方委托第三方工程造价咨询单位编制完成《工程量清单》及《工程预算价》以后，社会资本方应提交政府方审核，政府方审核确认后由政府方提交当地财政投资评审中心进行审核并出具预算评审报告。

二、监理

根据《建设工程监理范围和规模标准规定》“必须实行监理的工程：（一）项目总投资额在 3000 万元以上的下列工程项目：（1）供水、供电、供气、供热等市政工程项目；（2）科技、教育、文化等项目；（3）体育、旅游、商业等项目;（4）卫生、社会福利等项目;（5）其他公用事业项目。（二）项目总投资额在3000万元以上关系社会公共利益、公众安全的下列基础设施项目:（1）煤炭、石油、化工、天然气、电力、新能源等项目;（2）铁路、公路、管道、水运、民航以及其他交通运输业等项目;（3）邮政、电信枢纽、通信、信息网络等项目;（4）防洪、灌溉、排涝、发电、引（供）水、滩涂治理、水资源保护、水土保持等水利建设项目;（5）道路、桥梁、地铁和轻轨交通、污水排放及处理、垃圾处理、地下管道、公共停车场等城市基础设施项目;（6）生态环境保护项目;（7）其他基础设施项目。（三）学校、影剧院、体育场馆项目。……”。详见《建设工程监理范围和规模标准规定》。

根据《建设工程质量管理条例》“工程监理单位应当依照法律、法规以及有关技术标准、设计文件和建设工程承包合同，代表建设单位对施工质量实施监理，并对施工质量承担监理责任”。

根据上述规定，几乎所有的PPP项目都必须实行工程监理，监理单位应当对建设单位负责。在PPP项目中，虽然社会资本方对整个工程的建设和管理负责，是真正意义上的建设单位，社会资本方可以自行通过合法方式选择监理单位，但通常政府方为了控制建设质量以及控制建设造价，会要求由政府方依法选择监理单位，或参与社会资本方遴选监理单位的全过程。

因此，关于监理单位的选择，通常在PPP项目合同中约定：本项目的监理单位由政府方通过合法方式选择，因遴选监理单位所发生的费用由社会资本方承担计入项目总投资；或约定：在依法遴选本项目监理单位之前，应将相应的资格预审文件（如适用）、采购文件等报经政府方事先书面同意确认后发售。社会资本方在和监理单位签署监理合同之前，需报经政府方确认。

三、项目建设范围

在 PPP 项目合同中的“建设”章节通常首先需要明确建设的范围，即明确具体建什么、规模如何、目前的估算（概算 / 预算）总投资是多少。若已经完成施工图，则应将施工图及工程量清单作为合同附件；若尚未完成施工图，则约定在施工图完成后将经批准施工图作为合同附件附后。

四、建设工期及延期

通常在 PPP 项目合同中需要约定开工日、建设工期。

1. 开工日

关于开工日，一般会约定开工日的定义，以及最迟不晚于何时开工。开工日通常以监理工程师签发的开工令中载明的开工日期为准。在实际操作中可能会遇到即使项目未具备开工条件，政府方也出于各种原因要求监理工程师签发开工令的情况，因此，通常为保证项目实施的合规性，社会资本方会要求在 PPP 项目合同中约定：开工日指项目具备法定的开工条件后，监理工程师签发的开工令中载明的开工日。

2. 建设工期

关于建设工期，则是明确具体的工期。根据项目情况可分为总工期、各子项目工期，作为评判社会资本方是否按约竣工的依据。为保证工期，通常 PPP 项目合同中会要求社会资本方根据政府方的工期要求提交建设进度计划，并且定期就进度计划的实施情况进行汇报。

通常在 PPP 项目合同中约定在以下情况发生时，社会资本方有权要求延长工期：（1）不可抗力事件；（2）因甲方原因导致的延误；（3）法律变更或其他政府部门的原因导致的延误；（4）其他非社会资本方（含施工总承包商、分包商、材料供应商等）原因导致的延误。

尽管发生以上情况社会资本方可以申请延期，但社会资本方仍有义务采取赶工措施并尽量避免工期延误，赶工措施费及可能发生的窝工费、机械设备闲置费计入项目总投资。若工期延误系由于社会资本方原因（含施工总承包商、分包商、材料供应商等）导致，则社会资本方同样有义务采取赶工措施并尽量避免工期延误，赶工措施费及可能发生的窝工费、机械设备闲置费不计入项目总投资，由社会资本方自行承担。

五、工程建设项目供应商的选择

由于大部分PPP项目的工程建设项目属于关系社会公共利益和公共安全的基础设施和公用事业项目，因此社会资本方应根据招标投标法的相关规定通过招标方式选择勘察、设计、施工、监理以及进行与工程建设有关的重要设备、材料等的采购（以下简称“供应商”）。

1. 供应商的资质条件及选择过程的监管

由于在PPP项目中建设项目的设计单位、监理单位、施工承包商、设备供应商的选择相当重要，通常政府方会要求在PPP项目合同中约定对相应供应商选择的资质条件，同时为进一步加强对选择过程的监管，还会要求在PPP项目合同中约定：政府方和社会资本方应共同确定招标文件；政府方有权全过程参与招标流程及合同谈判工作；经过双方书面确认后，社会资本方方可与施工承包商、服务、设备供应商签订相关合同。

2. 供应商的采购平台

根据《中华人民共和国招标投标法》《中华人民共和国招标投标法实施条例》《工程建设项目招标范围和规模标准规定》的规定，对于符合条件的工程建设项目的勘察、设计、施工、监理以及与工程建设有关的重要设备、材料等的采购，必须进行招标。依法必须进行招标的项目的资格预审公告和招标公告，应当在国务院发展改革部门依法指定的媒介发布。另外根据《公共资源交易平台管理暂行办法》的规定“依法必须招标的工程建设项目招标投标、国有土地使用权和矿业权出让、国有产权交易、政府采购等应当纳入公共资源交易平台”，因此，在PPP项目合同中应当明确约定：建设工程根据适用法律规定必须进行招标的，社会资本方应当在当地的公共资源交易平台进行采购。

3. 供应商招标程序的免除

根据《中华人民共和国招标投标法实施条例》第九条的规定，“已通过招标方式选定的特许经营项目投资人依法能够自行建设、生产或者提供”可以不进行招标。需要注意的是，严格来说，适用该条款需符合以下四项要求：（1）通过招标方式选定；（2）特许经营项目；（3）项目投资人；（4）能够自行建设、生产或者提供。对于上述四项条件实践中都存在如下争议：

（1）通过招标方式选定

根据《关于在公共服务领域深入推进政府和社会资本合作工作的通知》（财金［2016］90号）“对于涉及工程建设、设备采购或服务外包的PPP项目，已经依据政府采购法选定社会资本合作方的，合作方依法能够自行建设、生产或者提供服务的，按照《招标投标法实施条例》第九条规定，合作方可以不再进行招标”。该条的规定突破了招标投标法实施条例第九条的规定，从“通过招标方式”扩展到“根据政府采购法”。我们认为招标投标法实施条例作为行政法规效力显然更高。

（2）特许经营项目

从财政部出台的一系列文件如《关于在公共服务领域深入推进政府和社会资本合作工作的通知》（财金［2016］90号）等，以及发改委出台一系列文件如《传统基础设施领域实施PPP工作导则》（发改投资［2016］2231号）等相关文件的命名中可以看出，两部委都使用“政府和社会资本合作（PPP）”而不再用“特许经营”的概念。因此我们认为招标投标法实施条例第九条中的“特许经营项目”可以扩展到“政府和社会资本合作（PPP）项目”。

（3）项目投资人

PPP项目的中标联合体是否必须出资项目公司才能被认为是“项目投

资人”？此点存疑。但为了谨慎起见，我们建议为了适用招标投标法实施条例第九条的规定，中标联合体之一应当适当参股项目公司，即使比较低的持股比例。

（4）能够自行建设、生产或者提供

何为“能够自行建设、生产或者提供”并没有明确的标准和解释。在实践中，通常认为只要具有所建工程法律要求的相关资质，即认为满足“能够自行建设、生产或者提供”。

六、变更

PPP项目合同中约定的“变更”不同于《工程施工合同》中的“变更”。首先我们来看一下《工程施工合同》中的“变更”通常都包含哪些内容，以《建设工程施工合同（示范文本）》（GF-2013-0201）为例，发生如下情形可按约定进行变更：

（1）增加或减少合同中任何工作，或追加额外的工作；

（2）取消合同中任何工作，但转由他人实施的工作除外；

（3）改变合同中任何工作的质量标准或其他特性；

（4）改变工程的基线、标高、位置和尺寸；

（5）改变工程的时间安排或实施顺序。

可见《工程施工合同》中的“变更”通常指在设计范围内基于施工实际情况和需要对工程进行的调整，如增加或减少合同中的某一项工作、变更质量标准、调整建筑物的位置、大小等，而不会对工程的设计、范围等有实质性的改变，但该等变更均需要经发包人（即社会资本方）同意后方可实施。

而在PPP项目合同中，由于政府方通常不需要关注项目建设中的细节问题，因此通常仅就可能导致项目设计变更、范围变更等实质性变更的情形进行约定。

1. 政府方提出的变更

PPP 项目合同中可约定：政府方因规划调整、征地拆迁情况等可提出对本项目的设计、建设范围等进行变更。由于这类变更与当地规划调整、政策性要求以及征地拆迁的实际情况相关，社会资本方通常必须接受这类变更，但应以相关政府部门批准为前提，且这种变更不得实质性扩大或增加 PPP 项目的合作范围。

2. 因法律变更、不可抗力、公共利益或公共安全需要导致的变更

PPP 项目合同中可约定：因法律变更、不可抗力、公共利益或公共安全需要，任何一方可提出变更。

以上两种情形中，无论哪一方提出变更，社会资本方均应就变更所导致的建设范围、内容以及工程费用的变化情况以书面形式提交给政府方审核，经政府方确认的变更方案社会资本方方可实施。工程费用调整通常以预算编制时所适用的定额和价格为准，没有适用价格有类似价格的，以类似价格为准，没有适用或类似价格的，由政府方和社会资本方协商确定，最终以财政投资评审中心在结算评审中审定的为准。因以上两种变更导致的窝工费、赶工措施费等应计入项目总投资。另外，变更导致总投资超过概算 10% 的，必须进行调整概算审批，经批准后方可实施。

因以上两种变更导致的项目规模减小的情况下，通常社会资本方会要求政府方给予补偿，但由于社会资本方通常并未因此产生实际损失（融资成本除外），政府方并不会考虑就此给予社会资本方补偿。

3. 社会资本方提出的变更

PPP 项目合同中可约定：

（1）在确保工程质量标准、工程安全的前提下，对在降低项目建设造价、节省项目用地、加快施工进度等方面具有显著效益的，社会资本方可向政府方提出变更申请并应同时提供相应的证明材料。经政府方批准的变更方案方可实施。除上述原因以外，社会资本方不得提出变更，应根据经批准的设计文件进行建设。

（2）因社会资本方提出的变更节省项目建设造价的，就节省的部分政府方和社会资本方可以按比例进行分成。

（3）社会资本方应对变更导致的任何缺陷负全部责任。政府方不因进行审批而对项目的工程建设质量或工程进度承担任何责任。

七、交（竣）工验收

不同的建设项目适用不同的竣工验收程序。如房屋建筑和市政基础设施工程直接由建设单位组织竣工验收并备案，港口工程则需要经过交工验收、试运行、竣工验收、备案等程序。因此，PPP 项目合同通常需要根据具体的建设项目种类对交（竣）工条款进行约定。

此处以公路工程为例，下表为公路工程交工验收、备案、竣工验收的主体、条件及程序：

公路工程竣（交）工验收办法

<table>
<tr><th></th><th>交（完）工验收</th><th>备案</th><th>竣工验收</th></tr>
<tr><td>验收主体</td><td>项目法人</td><td rowspan="4">项目法人应按交通部规定的要求及时完成项目交工验收报告，并向交通主管部门备案。交通主管部门在 15 天内未对备案的项目交工验收报告提出异议，项目法人可开放交通进入试运营期。试运营期不得超过 3 年。</td><td>政府 / 主管部门</td></tr>
<tr><td>验收条件</td><td>（1）工程内容已全部完成；（2）施工单位工程质量自检合格；（3）监理单位对工程质量评定合格；（4）质量监督机构出具检测意见；等。</td><td>（1）通车试运行 2 年以上；
（2）工程质量缺陷处理完毕；
（3）竣工决算已审计完毕；
（4）环保验收合格、土地手续办理；等。</td></tr>
<tr><td>验收主要工作</td><td>检查施工合同的执行情况，评价工程质量，对各参建单位工作进行初步评价。</td><td>对工程质量、参建单位和建设项目进行综合评价，并对工程建设项目作出整体性综合评价。</td></tr>
<tr><td>成果</td><td>颁发《公路工程交工验收证书》</td><td>颁发《公路工程竣工验收鉴定书》</td></tr>
</table>

从上表可以看出，在公路工程 PPP 项目合同中通常需要对以下内容进行约定：

1. 交工验收：由项目法人在项目完工以后组织各单位对工程进行交工验收并颁发交工验收证书；

2. 备案：项目交工验收完成以后，项目法人应及时完成交工验收报告并向交通主管部门备案，未经备案的不得进入试运营期；

3. 试运营期：项目经备案进入试运营期后，项目法人应编制完成竣工决算报告，并经竣工决算审计后交主管部门认定；完成环保等单项验收，办理土地使用手续；等；

4. 竣工验收：符合竣工验收各项条件后，项目法人应向有管理权限的交通运输主管部门提出验收申请；交通运输主管部门组织相关单位进行竣工验收以后，颁发竣工验收鉴定书。

另一个和交（竣）工验收密切相关的问题，就是项目何时进入运营期？是交工验收后进入运营期，还是竣工验收后进入运营期？我们将这个问题留在“运营期”中为大家解析。

八、建设项目总投资的确定

无论是使用者付费、政府付费或使用者付费加可行性缺口补贴的付费模式，项目建设总投资都是确定项目付费的计算基数。因此，项目总投资如何确定对 PPP 项目至关重要。

（一）建设项目总投资的构成

通常在 PPP 项目合同中建设项目总投资有两个层面的概念：

一是建设项目本身计算建设项目总投资的方式，即建设项目总投资包括项目建设期内的建设投资、建设期利息和铺底流动资金的总和，而建设投资包括工程费用、工程建设其他费用和预备费，工程费用又包括建筑工程费、设备购置费和安装工程费，具体如下表：

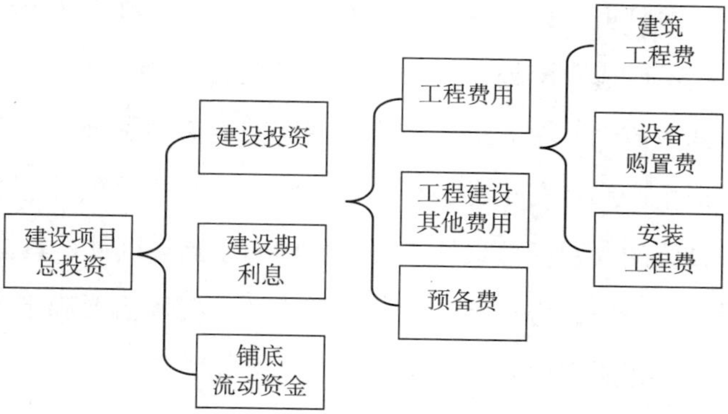

二是针对具体的 PPP 项目而言计入项目付费基数的建设项目总投资，由于项目总投资中的部分费用可能会由政府方负责承担（如征地拆迁费等前期费用），或在建设期内由政府方以补贴的形式支付给社会资本方（如建设期利息），故这类费用不计入项目（社会资本方）总投资，不作为将来项目付费的基数。

因此，在 PPP 项目合同中通常需要根据项目的实际情况对项目（社会资本方）总投资的构成进行约定，如：就本项目而言，项目（社会资本方）总投资包括建筑工程费、设备购置费、安装工程费、工程建设其他费用（不含征地拆迁费用及政府方负责承担的其他前期费用）和建设期利息。

另外，在建设项目总投资的构成中铺底流动资金是否计入项目总投资？从建设项目总投资的构成上来看，总投资中确实应当包含铺底流动资金，但是铺底流动资金用于哪个阶段，具体用途，以及金额如何确定始终在 PPP 项目操作中容易被忽略。

根据《市政工程设计概算编制办法》（建标［2011］1 号）“铺底流动资金，即自有流动资金，按流动资金总额的 30% 作为铺底流动资金列入总投资计划”。但并未就铺底流动资金的使用阶段、用途进行详细的规定。《铁路基本建设工程设计概（预）算编制办法》（铁建设［2006］113 号文）“为保证新建铁路项目投产初期正常运营所需流动资金有可靠来源，而计列本项费用。主要用于购买原材料、燃料动力，支付职工工资和其他有关费用。并且根据地方铁路和其他铁路以及铁路级别按每公里进行计费”。而《公路工程基本建设项目概算预算编制办法》（JTG B06-2007）中则并未包含铺底流动资金。综上，我们理解铺底流动资金指生产性建设工程项目为保证生产和经营正常进行，按规定应列入建设项目总投资的铺底流动资金，具体的计费标准根据工程的不同而不同。因此，具体到PPP项目约定项目总投资时，应根据建设项目的性质和实际需要确定项目总投资中是否应包含铺底流动资金。

（二）建设项目总投资的确定方式

构成项目总投资的各项费用中，除建筑安装工程费以外，设备工器具购置费、工程建设其他费用、建设期利息、铺底流动资金一般均据实结算或按固定比例留取。因此，建设项目总投资的确定关键在于建筑安装工程费的确定。通常建筑安装工程费的确定有以下两种方式：

1.（建安费）固定总价

固定总价指根据项目估算总投资、概算总投资或预算总投资确定PPP项目中建筑安装工程费的最终结算金额，其中估算总投资、概算总投资或预算总投资分别对应项目设计的不同阶段：可行性研究阶段、初步设计阶段、施工图设计阶段。注意，该结算金额仅指政府方和社会资本方用于结算项目回报的金额，而并不一定是社会资本方实际发生的建筑安装工程费用，也就是说在固定总价的情况下，建筑安装工程费上涨的风险全部由社会资本方承担。

在固定总价的模式下，PPP项目合同中通常有如下约定：

（1）固定总价下浮。

为了压缩估算、概算和预算中的“水分”，同时体现社会资本方建设及管理水平，投资人需投报建安费的下浮率，经下浮的建筑安装工程费作为固定总价进行结算；

（2）实际建安费低于（经下浮的）固定总价的分享机制。

若社会资本方实际发生的建筑安装工程费低于（经下浮的）固定总

价，为了鼓励社会资本方尽量降低工程造价的同时，也避免使社会资本方获得超额利润，对建安费节约部分设计双方分享机制。分享比例可由双方事先约定，或根据差额产生的原因和作用力，在政府方和社会资本方之间进行分配，分配方式根据项目付费的具体方式确定，如包含政府付费项目则一般通过减少政府付费的方式，直接从政府应付的政府付费中予以扣除，尽可能减少现金流转的环节，降低税费。

（3）固定总价的例外情形。

尽管使用固定总价的结算方式，但是在PPP项目合同中通常会约定建安费用调整的例外情形：如因非社会资本方原因，造成工期延误而使建安费增加的。如因政府方提出的或法律变更、不可抗力导致工程变更而使建安费增加的情形等。

固定总价的方式有利于政府方事先控制建安费从而框定项目总投资，但固定总价方式不利于风险共担，尤其是初设概算下浮，由于初步设计与施工图设计的设计深度不同，必然产生工程量及其费用的差异，社会资本方投报的初设概算下浮具有一定的盲目性；再者，社会资本方还要承担人工、材料、机械的价格风险，若社会资本方承担过多的价格风险，则可能造成项目建设质量下降等问题，给政府方造成更大的隐患。

2.（建安费）固定单价

固定单价指社会资本方根据政府方提供的工程量清单及预算价，投报建安费单价下浮率。除非另有约定，预算单价经下浮后不作调整。工程竣工后，以预算额、工程费用调整额确定最终工程结算价。

在固定单价的模式下，PPP项目合同中通常有如下约定：

（1）人工、材料价格调整。

虽然是固定单价，但为合理分配政府和社会资本方的风险，在PPP项目合同中通常会约定预算单价的调整原则，一般因人工、材料、机械费用价格波动造成的预算单价变动约定如下：

①人工单价发生变化且符合省级或行业主管部门发布的人工费调整规

定，应按省级或行业主管部门或其授权的工程造价管理机构发布的人工费等文件调整人工预算价格。人工费用不适用下浮。

②当材料、机械费用的市场信息（指导）价与预算单价相比发生上下浮动，则在一定浮动范围内由社会资本方承担，浮动超过一定比例的超过部分据实对预算单价进行调整。并且可对参与调价的材料范围进行限定，对于单价变化不大、使用量不多的材料可以不进行调差。

③对特殊施工措施费，应以经过审批的施工组织设计或专项施工方案作为计价依据。涉及造价变更调整的，应在实施前提出造价调整方案并征得政府方及监理单位批准后实施，否则在结算时不予计入结算价款。

（2）建安费控制价。

为控制建安费的总额，政府方通常会根据财政评审投资中心评审的预算价确定建安费的上限，也就是即便根据材料调差建安费在一定范围内可以进行调整，但最终结算的建安费不得高于控制上限（因政府方提出的工程变更除外）。

（三）项目审计

根据《关于印发政府投资项目审计规定的通知》："第二条 审计机关对政府投资和以政府投资为主的项目实施的审计和专项审计调查适用本规定。""第五条 审计机关对政府重点投资项目以及涉及公共利益和民生的城市基础设施、保障性住房、学校、医院等工程，应当有重点地对其建设和管理情况实施跟踪审计。"虽然PPP项目并非都是政府投资项目，但因为PPP项目中大部分为政府付费或政府可行性缺口补贴项目，且均为涉及公共利益和民生的基础设施和公共服务项目，因此PPP项目也需要进行竣工决算审计，以及根据需要进行跟踪审计。

在PPP项目合同中通常会约定：本项目工程建设由审计机关自行或聘请第三方审计机构进行跟踪审计。项目总投资由审计机关或第三方审计机构根据本合同确定的原则在项目竣工验收后经审计确定。

第九章　项目运营

本书第二章“项目范围”提出：“运营应始终为PPP项目合作内容中不可缺少的一部分”。《PPP项目合同指南（试行）》（以下简称“项目合同指南”）第二章第八节规定“PPP项目合同应约定开始运营的时间和条件、运营期间的权利和义务以及政府方和公众对项目运营的监督等内容”。《政府和社会资本合作项目通用合同指南（2014年版）》（以下简称“通用合同指南”）第八章规定“PPP项目合同应约定运营的外部条件、运营服务标准和要求、更新改造及追加投资、服务计量、运营期保险、政府监管、运营支出及违约责任等事项”。本篇将主要介绍项目运营的责任划分、运营的开始、运营的范围和内容以及运营的标准等内容。

一、项目运营的责任划分

《国务院办公厅转发财政部发展改革委人民银行关于在公共服务领域推广政府和社会资本合作模式指导意见的通知》（国办发［2015］42号，以下简称“国办发42号文”）规定“由社会资本承担公共服务涉及的设计、建设、投资、融资、运营和维护等责任，政府作为监督者和合作者，减少对微观事务的直接参与，加强发展战略制定、社会管理、市场监管、绩效考核等职责”。因此，PPP项目合同应明确约定由社会资本方承担项目运营的责任，而政府方主要承担监管和绩效考核的责任，并提供项目运营所必需的外部条件。

（一）社会资本方的运营责任

PPP 项目合同应明确约定由社会资本方承担项目的运营责任。从转移风险的角度考虑并为确保社会资本方切实履行运营责任，PPP 项目合同中不仅会约定要求社会资本方强制购买运营期保险和提供运营期履约担保，编制应急预案、运营维护计划、中长期经营计划和年度经营计划、年度运营情况报告并报政府方备案，而且通常还会约定由社会资本方编制运营维护手册并报政府方审查，甚至将运营维护手册作为 PPP 项目合同的附件。

在部分 PPP 项目中，政府方可允许社会资本方将运营分包给具有相关资质和能力的第三方。尽管如此，在 PPP 项目合同中仍需明确约定：（1）社会资本方应取得政府方的书面同意后方可将运营外包，且社会资本方的责任和义务并不因此而免除，社会资本方仍需向政府方承担项目合同约定的责任和义务；（2）PPP 项目合同甚至还可约定，由双方共同确定选择外包服务供应商的采购文件并全过程参与采购及合同的谈判，社会资本方应经双方书面确认后方可与供应商签订外包服务合同。

（二）政府方的监管和提供外部条件的责任

监管：在 PPP 模式下，政府的角色由公共产品和公共服务的直接提供者转变为与社会资本的合作者和 PPP 项目的监管者。因此，PPP 项目合同通常会明确约定政府方除履行法定的行政监管职责外，还应履行对社会资本方在运营期间履约情况的监督和检查、绩效考核和中期评估等职责。

提供外部条件：在一些 PPP 项目中，项目需与外部条件相配套或衔接后方可投入运营，如对于饮用水供水项目，需要与外部的原水管道和供水管网相连接；对于污水处理项目，需要有合适的污泥清运填埋的场地；或需要有充足的电力供应、外部道路通行条件等。针对该类项目，因政府方更具有控制力，项目合同中通常会约定由政府方保障项目正常运营所需实现的外部条件。

二、运营的开始

PPP 项目合同应明确约定运营开始日，以此作为政府方向社会资本方付费或社会资本方向使用者收费的起始日期。

运营开始日应结合项目所处的行业和项目特点，并依据相关法律规定合理设置，包括：

（1）常见的运营开始日为工程竣工验收合格后的次日；

（2）对于港口、公路和航道的 PPP 项目，因其具有完工验收的环节，运营开始日则可为工程完工验收合格后的次日；

（3）对于可能造成重大或轻度环境影响的 PPP 项目，因其具有竣工环保验收的环节，运营开始日则可为环保验收合格后的次日；

（4）对于要求取得特别运营许可的 PPP 项目，运营开始日则可为取得运营许可的当日。如《燃气经营许可管理办法》的规定，经营单位应在燃气设施建设工程已竣工验收合格并依法备案后，申请领取燃气经营许可证；《危险废物经营许可管理办法》规定，经营单位应在贮存设施、设备经验收合格后，申请领取危险废物经营许可证；《排污许可证管理暂行规定》规定，新建项目的排污单位应当在投入生产或使用并产生实际排污行为之前申请领取排污许可证。

针对包含多个子项目的打包类的新建项目，双方可视各个子项目的独立性来确定运营开始日，其中：

（1）如各个子项目各自独立运营，则可分别确定各个子项目的运营开始日。

（2）如各个子项目之间相互关联，则应在各子项目分别竣工并整体验收合格后方可作为该项目的运营开始日。而对于在整体验收合格前已竣工的子项目，双方可协商约定其可用性付费根据该子项目按全额付费的一定比例予以支付。

对于片区开发类的项目，考虑片区开发工作为边开发建设、边运营，且具体建设项目的建设计划和相关的前期工作在确定社会资本方时尚未明确，因此，在PPP项目合同中难以约定整体运营开始日，而可参考打包类的新建项目由双方根据具体建设项目分别确定运营开始日。

三、运营的范围和内容

PPP项目合同应明确约定运营的范围和运营的内容。

（一）运营的范围

由社会资本方负责运营的项目设施的范围应在PPP项目合同中予以明确约定，通常包括在新建类项目竣工验收后所形成的资产、在项目合作期限内新投资所形成的资产、和/或由政府方移交给社会资本方的存量资产。

但是，对于片区开发类的项目，双方通常在PPP项目合同中仅对由社会资本方负责运营的项目设施的范围进行原则性约定，而在具体建设项目竣工验收后方予以明确。

（二）运营的内容

由社会资本方负责运营的内容也应在PPP项目合同中予以明确约定，而运营的内容应根据项目的性质而合理确定。

1. 由社会资本方负责运营的内容通常包括运营和维护保养。对于配置经营性资源的项目或有经营性收入的项目，运营的内容还包括经营。

2. 对于大部分教育和医疗卫生等公共服务类项目，通常相应的核心公共服务内容会在项目竣工验收合格后由相应的教育和卫生行政等职能管理部门接管运营，则社会资本方负责运营的内容仅为维护保养、物业管理服务及其他辅助和非核心公共服务内容（如后勤服务等）。

3. 对于片区开发类项目，由社会资本方负责运营的内容还包括产业发展服务和配套设施服务等两大类。其中：（1）产业发展服务，即约定由社会资本方负责制定产业发展规划、开展产业战略研究、园区宣传推广和品牌建设并招商引资；（2）园区配套设施相关的服务，包括道路清扫、道路养护、绿化养护、垃圾清运以及防汛、防火、防洪、交通、安防、照明、广告、排水和污水等设施的维护。

四、项目运营的标准

PPP 项目合同中一般会约定社会资本方履行普遍服务和持续服务的义务，设定完整的运营绩效考核体系，明确运营标准变更的原则和方式。

（一）履行普遍服务和持续服务的义务

普遍服务：《行政许可法》第六十七条规定："取得直接关系公共利益的特定行业的市场准入行政许可的被许可人，应当按照国家规定的服务标准、资费标准和行政机关依法规定的条件，向用户提供安全、方便、稳定和价格合理的服务，并履行普遍服务的义务。"《基础设施和公用事业特许经营管理办法》第四十六条规定："特许经营者应当对特许经营协议约定服务区域内所有用户普遍地、无歧视地提供公共产品或公共服务，不得对新增用户实行差别待遇。"因此，对于直接关系公共利益的 PPP 项目，如供水、供气和供热等项目，社会资本方在履行 PPP 项目合同时，首先应履行法定的普遍服务的义务。

持续服务：PPP 项目合同通常会约定社会资本方因检修等原因需要暂定服务时，应取得政府方的书面同意后方可暂停运营。对于一些特殊行业的 PPP 项目如供水、排水等项目，社会资本方还应履行法定的持续服务的义务。如《城镇排水和污水处理条例》第三十一条规定："城镇污水处理设施维护运营单位不得擅自停运城镇污水处理设施，因检修等原因需要停运或者部分停运城镇污水处理设施的，应当在90个工作日前向城镇排水主管部门、环境保护主管部门报告。”《城市供水条例》第二十二条规定：“城市自来水供水企业和自建设施对外供水的企业应当保持不间断供水。由于施工、设备维修等原因需要停止供水的，应当经城市供水行政主管部门批准并提前24小时通知用水单位和个人。”

（二）绩效考核体系

国办发42号文明确要求：“建立事前设定绩效目标、事中进行绩效跟踪、事后进行绩效评价的全生命周期绩效管理机制，将政府付费、使用者付费与绩效评价挂钩，并将绩效评价结果作为调价的重要依据，确保实现公共利益最大化。”PPP项目合同通常包括绩效考核协议，明确项目运营的绩效考核标准、绩效监测方案以及未达到绩效考核的后果。

1. 绩效考核标准

项目合同指南规定“绩效标准应客观和合理，符合项目的实际情况和特点，可以测量和监控”。为评估社会资本方提供公共产品和公共服务的质量和效率，PPP项目合同通常会根据项目所处行业的特点、项目的性质、项目的预期目标和回报机制等因素设置明确的绩效考核标准。

绩效考核标准通常包括产品质量、运营服务质量、运营成本、综合运营管理情况、项目设施状况、安全生产、综合治理、公众满意度等。在园区开发类项目中，绩效考核标准还会体现产业招商项目的数量和质量的目标，设置包括产业项目产生的税收、实际利用外资总额、服务业增加值占地区生产总值的比重、科研创新强度和人口导入等指标。

如国家或行业主管部门已制定相关的行业指南、行业技术规范、公共产品和服务的质量和安全标准等，则PPP项目绩效考核标准应基于相关指南、规范和标准的要求并结合项目的特点而制定。

（1）如针对城市黑臭水体治理PPP项目，《水污染防治行动计划》（国发〔2015〕17号）已明确各省市城市黑臭水体治理的总体目标，由住房城乡建设部和环境保护部联合发布的《城市黑臭水体整治工作指南》（住建［2015］130 号）则明确了城市黑臭水体整治效果评估与考核、监测指标、监测方法和监测频率等要求。

（2）如针对智慧城市类 PPP 项目，国家发展改革委《关于组织开展新型智慧城市评价工作务实推动新型智慧城市健康快速发展的通知》（发改办高技［2016］2476 号）和《新型智慧城市评价指标（2016 年）》等文件已明确绩效评价和考核的相关要求。

2. 绩效监测方案

绩效监测方案应明确绩效监测方式及频率、监测主体：（1）监测方式及频率，绩效考核一般采取常规考核和临时考核两种方式，约定考核的周期，并与付费周期相衔接；（2）监测主体，通用合同指南明确提出“鼓励推进第三方评价，对公共产品和服务的数量、质量以及资金使用效率等方面进行综合评价”。政府方可以自行实施绩效考核、组织政府职能部门、专家和公众进行联合考核，也可以委托第三方评价机构进行考核。

3. 绩效考核不合格的后果

对于政府付费类和可行性缺口补助类项目，PPP 项目合同可明确约定绩效考核结果与政府付费挂钩。而对于使用者付费的项目，PPP 项目合同可约定绩效考核结果与服务价格的调整和相关优惠政策的落实挂钩，因为社会资本方一方面有通过提升服务的质量和效率以吸引更多的使用者、降低运营成本的内在动力，另一方面有提高服务价格的现实需求。

PPP 项目合同通常还会约定，如当次绩效考核结果严重不合格或出现连续多次不合格的情况，则社会资本方应在限期内整改，逾期仍未完成整改的，则政府方有权启动提前终止程序。

（三）运营期间的变更

PPP 项目合同应对运营期间的变更作出约定，包括：运营范围和内容、运营年限、运营标准、运营价格等变更的原则和方式。其中，运营范围和内容、运营年限的变更原则和方式已在本系列谈第二章和第三章中予以具体介绍，运营价格的变更将在稍后的项目付费的篇章中介绍。

对于运营标准的变更，其主要是指政府方要求的和因法律变更引起的运营标准的提高。PPP 项目合同通常会要求双方迅速协商并做出必要的调整，同时约定因运营标准变更导致运营成本和资本性支出增加的责任承担和相关补偿原则和方式、经双方协商未能就调整方案达成一致的后果。

出现运营标准变更后，政府方通常首先会要求社会资本方通过调整运营模式和组织方式来达到新标准的要求。如仍不能达到新标准要求的，则双方将协商通过更新、改造或工艺升级等方式以符合新标准的要求。

运营标准变更导致的运营成本增加和资本性支出增加的，对于增加的费用和投资，双方可约定直接由政府方承担，或约定由社会资本方先行承担，而政府方通过调整政府付费、给予补贴、调整服务价格或延长运营期限等方式予以补偿。

出现经双方协商不能达成一致的后果，我们认为应视运营标准变更的原因区分对待。对于政府方要求的不合理的运营标准的变更，应视为政府方违约，社会资本方有权启动提前终止程序。而对于法律变更导致的运营标准的变更，政府方或社会资本方均有权启动提前终止程序。

英国《标准化 PF2 合同》中明确规定了在运营期间，因法律变更导致资本性支出或运营成本增加时的政府方和社会资本方责任承担的原则。

（1）针对特定社会资本方或项目的法律变更（Discriminatory Change in Law）和针对社会资本方所提供服务之同类服务的法律变更（Specific Change in Law），因法律变更导致运营期间的资本性支出和运营成本增加的，则增加部分应由政府方予以补偿。

（2）普遍适用的法律变更（General Change in Law），因法律变更导致运营期间的资本性支出增加的，则增加部分应由政府方予以补偿；而因法律变更导致运营期间运营成本增加的，则增加部分应由社会资本方自行承担。

第十章 项目公司设立与股权变更

PPP 项目中的项目公司常常被称作“特别目的载体”（Special Purpose Vehicle），系为实施 PPP 项目这一特殊目的而专门设立，出于以“有限追索”实现风险隔离和项目融资等目的，设立 PPP 项目公司是绝大多数项目的选择（另一种选择则是社会资本方直接作为项目实施主体）。

正如《PPP 项目合同指南（试行）》（以下简称“项目合同指南”）所述，“在PPP实践中，社会资本方通常不会直接作为PPP项目的实施主体，而会专门针对该项目成立项目公司，作为 PPP 项目合同及项目其他相关合同的签约主体，负责项目具体实施”，可以说，项目公司是社会资本方实施 PPP 项目的重要载体。本篇将围绕“项目公司的设立”与“股权变更”进行简要阐述。

一、项目公司的类型

（一）组织形式

根据项目合同指南，“项目公司是依法设立的自主运营、自负盈亏的具有独立法人资格的经营实体”，虽无明文规定，但实践中，同时基于 PPP 项目的实际情况，项目公司组织形式通常为有限责任公司。

（二）股东成员

根据项目合同指南，“项目公司可以由社会资本（可以是一家企业，也可以是多家企业组成的联合体）出资设立，也可以由政府方和社会资本方共同出资设立。但政府在项目公司中的持股比例应当低于50%、且不具有实际控制力及管理权”，据此，项目公司的股东存在两种情形：仅为社会资本方，或社会资本方与政府方双方。如上所述，以股东构成成员的不同，项目公司类型包括以下两类：

1.股东仅为社会资本方

此种选择往往出于以下几点综合平衡的结果：（1）政府方对项目深度监管的意愿不强；（2）政府方资金实力不强，难以安排作为股东出资的资本金；（3）项目本身为常规项目，比较成熟、易于监管；（4）社会资本方与政府方谈判的结果，有实力的社会资本方希望独资设立，避免政府方参股复杂化。在股东仅为社会资本方的情形下，以社会资本方出资方主体的数量不同，又可以细分为两种情形：由一家企业单独出资设立；联合体中选后由多家企业共同出资设立。在以上第一种情形下设立的项目公司即为一人有限责任公司。在以上第二种情形下还涉及“联合体各方是否必须都参股项目公司”的问题，这一问题已在本系列谈第一章“合同主体”中进行了阐述，可详参该章。

2.股东为政府方与社会资本方双方

相较于第一种类型而言，由政府方与社会资本方共同出资设立项目公司是PPP实践中最为常见的类型。对政府方而言，此种情形下，其可以更直接地参与项目的重大决策、了解项目实施情况，更为便捷地实现自身的监管职责。此外，对社会资本方而言，如项目中遇到的实际困难，特别是项目前期工作中遇到的困难，政府股东代表作为当地的企业且多为城投企业，往往能提供更好的解决方案，同时，通过政府出资代表这一通道，也便利于项目公司与政府方沟通。

需要注意的是，正如上文所说，项目公司是社会资本方实施 PPP 项目的重要载体，因此，与政府方监管职责相对应，政府方在项目公司中的股权通常占股较小，且应不具有实际控制力及管理权，同时，政府方也同样应遵守《公司法》《股东协议》《公司章程》的规定，享有法定及约定的股东权利并履行股东的相关义务，并以认缴出资为限承担股东责任。

二、股东协议与公司章程

项目合同指南中将股东协议作为 PPP 项目合同体系的组成部分，在项目公司为上述第二种类型的情形下，实践中股东协议往往作为 PPP 项目合同的附件，应在 PPP 项目合同签署时由预设的项目公司股东共同签署。股东协议往往旨在项目公司设立之前，各方对项目公司的公司治理、经营管理、财务管理、股东权利义务以及利润分配作出约定，并以此为基础，后续设立项目公司。根据项目合同指南的规定，股东协议通常包括以下主要条款："前提条件、项目公司的设立和融资、项目公司的经营范围、股东权利、履行 PPP 项目合同的股东承诺、股东的商业计划、股权转让、股东会、董事会、监事会组成及其职权范围、股息分配、违约、终止及终止后处理机制、不可抗力、适用法律和争议解决等。"同时，对政府方这一特殊股东，尤其应明确"政府股份享有的分配权益，如是否享有与其他股东同等的权益，在利润分配顺序上是否予以优先安排等；政府股东代表在项目公司法人治理结构中的特殊安排，如在特定事项上是否拥有否决权等"。（发改委《政府和社会资本合作项目通用合同指南》（2014 年版）规定）

公司章程为项目公司设立法定必备文件，根据《公司法》规定："公司章程对公司、股东、董事、监事、高级管理人员具有约束力。"PPP 项目中，公司章程的内容往往与股东协议存在很大程度的重合，但同时也存在特性，公司章程应具有《公司法》第二十五条规定的必备条款，同时可以对《公司法》中明确可以约定的事项根据项目特点自行约定。公司章程作为对外公示的法定文件，与股东协议相比内容缺乏灵活性，因此，根据项目自身需求，股东往往在股东协议中对各自权利义务进行更为广泛的约定。

三、项目公司的设立

（一）设立时间

结合 PPP 项目的实践，关于项目公司的设立时间，往往存在两种情形。

1. 项目采购完成后设立

项目采购完成确定中选社会资本后，签署 PPP 项目合同、股东协议、公司章程，随即按照该等文件约定时间设立项目公司，此为常态。

2. 采购程序开始前设立

实践中也偶见社会资本方基于项目的实际需要，在项目采购前，往往在 PPP 项目的识别论证阶段或之前为项目实施之目的成立公司。该种选择，原因往往有以下两种：其一，在《传统基础设施领域实施政府和社会资本合作项目工作导则》（以下简称“发改投资［2016］2231”）第 17 条：“PPP 项目法人选择确定后，如与审批、核准、备案时的项目法人不一致，应按照有关规定依法办理项目法人变更手续。”实施前，此种操作的目的往往在于避免项目法人的衔接问题，但在发改投资［2016］2231 实施之后，因此种目的而选择的该种操作也就没有必要了。其二，在 PPP 模式的初期（当前也不乏有），政府与潜在社会资本方都急于项目建设，而 PPP 模式下从前期工作、识别论证到项目执行阶段，流程较长，因此，双方在招标之前便合资设立公司。该种情形下，对社会资本方而言存在不能中选的风险，这就要求政府方要在公平竞争、择优选取的前提下，同时得尽力让该社会资本方中选。这与项目采购阶段各类条件的设置及采购的具体实施密切相关，此不赘述。但应注意的是，《招标投标法》第四十三条规定，“在确定中标人前，招标人不得与投标人就投标价格、投标方案等实质性内容进行谈判”，上述操作存在与上述规定相违背之嫌。

（二）出资

PPP 项目合同中往往会对股东股权比例、出资金额、首期出资，以及政府方的出资方式、是否与社会资本方同期同比例出资到位等进行明确。

（三）注册地

虽无明确要求，但实践中项目公司的注册地即项目所在地。一方面便于项目实施，另一方面项目公司注册地的选择与该公司的税收缴讫直接相关。PPP 项目往往投资金额大，合作周期长，对税收的影响不可小觑。以高速公路的 PPP 项目为例，涉及土地交易，就需要缴纳各种税费税金，包括但不限于土地增值税、印花税、契税、城建税等；除此之外，还包括 PPP 项目建设期间采购原材料等产生的增值税、交易税以及项目建成后由项目公司运营所产生的企业所得税等其他税收和费用。

（四）公司治理的特殊规定

根据《企业国有资产法》第十九条的规定：“国有独资公司、国有资本控股公司和国有资本参股公司依照《中华人民共和国公司法》的规定设立监事会。”在政府方参股项目公司的情形下，项目公司属于国有资本参股公司，应注意公司治理机构中设立监事会，而非仅设监事。

四、项目公司的股权变更

PPP 项目合同中，股权变更条款因涉及各方重大利益，是各方关注的焦点之一，PPP 项目合同中的股权变更条款内容也充分体现了政府方和社会资本方之间的利益博弈。

对社会资本方而言，其对股权变更条款的诉求主要出于以下两种考虑：融资与退出。社会资本方希望减少对股权变更的限制，以实现一定程度上灵活转让股权，由此社会资本方可通过转让项目公司股权的方式，引入财务投资人并获取股权转让对价，以获得低成本融资的同时实现项目资本的流动性。融资与退出密切相关，除上述主要融资原因外，便于退出也一直是社会资本方最为原始朴素的诉求。

对政府方而言，股权变更限制是实现其监管职能的重要抓手，通过股权转让限制避免不合适的主体被引入到项目的实施过程中，确保实施项目的社会资本方符合项目采购阶段对社会资本方融资能力、技术能力、管理能力的要求，或至少应具备项目建设、运营维护相应阶段的相应能力。

（一）股权变更的前置程序

在 PPP 项目合同中，往往对项目公司股权变更的前置程序及详细的履行要求进行约定，常见的前置程序可分为批准和备案两种。批准程序通常适用于锁定期内的股权变更及锁定期之外的重大股权变更，常用条款表述如“若发生有关股权变更的情形需事前经政府方的同意 / 批准”。备案程序则适用于锁定期外的一定范围内的股权变更。

（二）股权变更的形式

在不同的项目中，政府方与社会资本方达成的股权变更范围和程度各有不同，通常的股权变更有以下几种形式：

1. 股权转让

总体而言项目公司的股权转让包括直接转让与间接转让。

（1）“直接转让”即项目公司股东直接转让其持有的项目公司股权（见下图“直接转让”），可分为对内转让与对外转让两种。根据《公司法》第七十一条：“除公司章程另有约定外，公司股东可以将其持有的部分或全部公司股权转让给本公司的其他股东，也可以在经本公司其他股东过半数同意时将股权转让给本公司股东之外的人。”

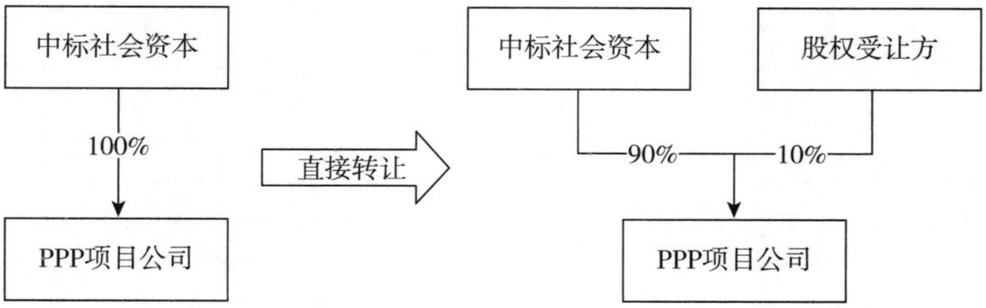

直接转让

需要注意的是，如政府方出资代表拟转让其所持有的项目公司股权，根据《企业国有资产交易监督管理办法》，此种转让属于企业产权转让（即“履行出资人职责的机构”“转让其对企业各种形式出资所形成权益的行为”），是企业国有资产交易行为的一种，应履行法定的程序（如转让方内部进行决策、进行可行性研究及方案论证、对项目公司审计、资产评估等），原则上应在产权市场公开进行转让，同样，如社会资本方为国有企业，转让项目公司股权也同样需要适用上述国有资产交易的法定程序。

（2）间接转让则指项目公司股东的股东或更上一层的股东的股权的变更。在实务操作中，投资人经常会搭建多层级的投资架构（当然，社会资本方在中标后搭建多层级的架构也有赖于政府方的认可，且通常应在采购文件中已明确），以确保初始投资人的股权变更不会对项目公司的股权结构产生直接影响，比如社会资本方在成立项目公司前利用新设或现有的全资子公司出资成立 PPP 项目公司的情形中（见下图“间接转让”）。在这种多层级结构中，核心原则通常为：中选社会资本直接或间接持有的项目公司的股权或其对项目公司的实际控制地位不得改变，据此项目公司的各层级股东的股权变更受限。

2. 股权并购、增资扩股、非同比减资等其他形式

项目公司增资扩股、非同比减资或对其他公司进行股权收购等方式同样会导致项目公司股权结构或项目公司母公司控股股东发生变化，因此也可属于股权变更的情形。

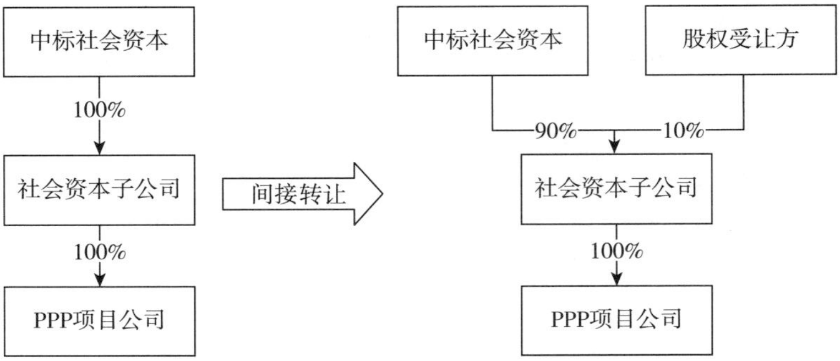

间接转让

3. 股东权益发生变更

在政府方参股 PPP 项目公司的情况下，与股权相关的权益发生变化将实质导致股东对项目公司的控制、管理权，该类股东权益变化包括股东表决权、董监高的席位比例变化等，这属于广义上的股权变更。与此相关的，如股东借款、可转换公司债发生变化，也会对股东表决权或将来可转换成的股权产生影响，也可能会被纳入股权变更限制条款中。

4. 兜底条款

常见的股权转让兜底条款为："其他任何可能导致股权变更的事项。"由于 PPP 项目周期长，牵涉的主体范围广，为了适应将来可能会发生的法律变更等不可控因素，保证 PPP 项目合同在 PPP 项目全生命周期的效力，往往会对股权变更设置此类兜底条款，以使其能够全面涵盖股权变更的各种可能。对政府方而言，兜底条款无疑有助于其对项目的监管，但对社会资本方而言兜底条款似乎无限扩大了受限范围。

（三）限制股权变更的方式

目前我国尚未对 PPP 项目公司股权变更的限制出台强制性法律规定，对于股权变更的限制性方式来自于双方的约定。根据项目合同指南，以及参考英国 PF2 合同范本的指导，限制股权变更的方式通常有以下几种。

1. 设置股权锁定期

设置锁定期是最常见的股权变更限制方式。根据项目合同指南中的定义，锁定期“是指限制社会资本转让其所直接或间接持有的项目公司股权的期间”。政府方在与社会资本方签订 PPP 项目合同时通常会约定项目公司的股权锁定期，常见表述为“在一定期限内，未经政府方批准，项目公司及其母公司不得发生本合同定义的任何股权变更的情形”。

（1）锁定期期限

根据 PPP 项目的实际情况不同，锁定期期限也会有所不同。设置锁定期的方式主要有两种，第一种为固定期限，如自项目合同生效之日起至项目运营日后的一段时间，如 2 年、5 年等；第二种为参照合同规定的其他相关期限确定，如股权锁定期一直从建设期延续到缺陷责任期届满。

（2）锁定期内的例外情形

英国 PF2 合同范本指引规定，在 PPP 项目合同中设置股权变更条款需要明示具体的考虑因素，禁止一揽子限制（blanket restrictions）。即并不是所有的股权变更情形都影响到政府方的权益，因此无须限制。我国与此相应地，项目合同指南对锁定期内变更进行了列举，允许锁定期内特殊情形下的变更，而并非全周期一揽子限制。常见的例外情形如下：

①项目贷款人为履行本项目融资项下的担保，根据法院生效判决或仲裁裁决向法院申请执行股权质押协议项下的股权而导致的项目公司股权变更（对相应股权质押协议在签订往往约定需经政府方的同意或批准）。

②将项目公司股权或其母公司的股权转让给社会资本方的关联方。此处的关联方与证监会《上市公司信息披露管理办法》等法律法规对关联方的广泛性定义不同，一般将其定义为“与一方有关时，指该方直接或间接拥有 50%或以上股权的法律实体，或直接或间接拥有该方 50%或以上股权的法律实体，或与该方同样均被一共同的第三方直接或间接拥有 50%或以上股权的法律实体”。

（3）参股的政府方股权转让不受限。PPP 项目合同中通常约定政府方股权变更不受限，且社会资本方应放弃对该部分股权的优先购买权。

2. 其他限制方式

除锁定期外，限制股权受让方也是 PPP 项目合同对股权变更的限制方式。如合同约定他人在受让项目公司股权时必须具备相应的履约能力或资质，并承继转让方原有的合同项下权利义务。在某些项目中，还要避免不适合的主体成为 PPP 项目公司的股东参与到 PPP 项目中，如在合同中以负面清单的方式限制某一行业领域的企业受让项目公司的股权。此外，股权变更限制条款中还可以对于股权受让方在加入项目公司时提出的新要求，以此作为限制。

这类对于股权受让方的特殊限制通常要结合具体项目而定，且不以锁定期为限，即使在锁定期后，仍然需要经政府方的同意或批准方可实施。但此类限制通常不应存在任何地域或所有制等歧视。

（四）违反股权变更限制条款的后果

PPP 项目合同中往往视违反股权变更为严重的违约行为，与此对应设置较为严重的处罚条款。一般而言，在 PPP 项目合同中会明确：如违反合同约定实施股权变更行为的，且在一定期间不可将股权状况恢复原状的，政府方将获得合同解约权，违约方（社会资本方）须根据提前终止相关条款承担相应的违约责任。

第十一章　回报机制

《PPP 项目合同指南》第十一节“付费机制”提到“付费机制关系到 PPP 项目的风险分配和收益回报，是 PPP 项目合同中的核心条款。实践中，需要根据各方的合作预期和承受能力，结合项目所涉及的行业、运作方式等实际情况，因地制宜地设置合理的付费机制”。

《政府和社会资本合作项目通用合同指南》第十章“收入和回报”提到“本章重点约定合作项目收入、价格确定和调整、财务监管及违约责任等事项。本章为项目合同的必备篇章”。

本章我们将重点介绍 PPP 项目回报机制的分类、付费机制、价格调整机制和绩效考核机制。

一、回报机制的分类

在 PPP 项目中，常见的付费机制主要包括以下三类：政府付费、使用者付费、可行性缺口补助。

（一）政府付费的定义及适用条件

政府付费（Government Payment）是指政府直接付费购买公共产品和服务。其与使用者付费的最大区别在于付费主体是政府，而非项目的最终使用者。适用条件为不具有向公众或终端用户收费的功能，如市政道路、综合流域治理、海绵城市等。

（二）使用者付费的定义及适用条件

使用者付费（User Charges）是指由最终消费用户直接付费购买公共产品和服务，以回收项目的建设和运营成本并获得合理收益。在此类付费项目中，社会资本方一般会承担全部或部分项目需求风险。如高速公路、地铁、市政供水等项目。适用条件：（1）项目使用需求可预测，项目需求量是否可预测以及预测需求量的多少是决定社会资本方是否愿意承担需求风险的关键因素。（2）向使用者收费具有实际可操作性。例如，在采取使用者付费机制的公路项目中，如果公路有过多的出入口，使得车流量难以有效控制时，将会使采取使用者付费机制变得难以计算成本效益，而丧失实际可操作性。

（三）可行性缺口补助的定义及适用条件

可行性缺口补助（Viability Gap Funding，简称VGF）是指使用者付费不足以满足社会资本方成本回收和合理回报时，由政府给予社会资本方一定的经济补助，以弥补使用者付费之外的缺口部分，使项目具备商业上的可行性。可行性缺口补助是在政府付费机制与使用者付费机制之外的一种折中选择，通常用于可经营性系数较低、财务效益欠佳、直接向最终用户提供服务但收费无法覆盖投资和运营回报的项目，如文化及体育场馆、保障房等。

二、付费机制

（一）政府付费

政府付费项目根据类型的不同，通常又分为可用性付费、使用量付费。

1. 可用性付费模式（Availability Payment）

在可用性付费模式下，政府付费通常由可用性付费和运维服务付费组成。

（1）可用性付费

可用性付费是指政府依据社会资本方所提供的项目设施或服务是否符合合同约定的标准和要求而进行的付费，即只要所提供设施或服务符合合同约定的性能标准即可获得付费。

目前主流的可用性付费的计算方式有以下三种：

①等额本金

采用等额本金付费方式支付的每个运营年可用性付费的计算公式往往表现为以下形式：

第 n 年可用性付费 $=\frac{S}{N}+[S-(n-1)\frac{S}{N}]\times i$

其中，

i 为项目合同中约定的项目年投资回报率；

S 为经政府审计决算后的项目总投资；

N 为运营年限。

②等额本息

采用等额本息付费方式支付的每个运营年可用性付费的计算公式可以用 PMT 函数表达，即：

每年的可用性服务 =–PMT（i，N，S）

其中，

i 为项目合同中约定的项目年投资回报率；

N 为运营年限；

S 为经政府审计决算后的项目总投资。

③财金［2015］21 号文付费公式

根据《政府和社会资本合作项目财政承受能力论证指引》（财金［2015］21 号，以下简称财金 21 号文）第十六条的规定政府可用性付费公式如下：

当年可用性付费额 =

$$\frac{\text{项目全部建设成本} \times (1+\text{合理利润率}) \times (1+\text{年度折现率})^n}{\text{财政运营补贴周期（年）}}$$

其中，n 为折现年数。

以上三种计算可用性付费的具体计算公式虽然不同，但是原则上均是以社会资本方的建设总投资为基数，按全投资年回报率，计算社会资本方在运营期中每一年可获得的付费，区别在于每年的本息支付数额不同而已。

◆ 以上述三种计算方式为基础，市场上衍生出另外几种变形的付费方式，但基本原理是相同的：

①可用性付费固定值

政府方在招标文件中提供项目估算 / 概算 / 预算总投资，并提供可用性付费总额区间，由社会资本方在该区间内进行报价，待项目竣工验收后，根据审计决算总投资相应调整中标价，作为最终政府可用性付费总额。采用这种报价方式虽然表面上不直接体现项目投资回报率，但本质仍是根据估算 / 概算 / 预算总投资与中标价之间的内在回报关系以及审计决算值确定最终的可用性付费总额，所以只是上述三种计算方式的变形，并无本质上的区别。

②将总投资区分不同性质分别报价

以上述三种计算公式中的任何一种为基础，将其中的项目建设总投资区分不同性质分别报不同的投资回报率计算最终的可用性付费。这种付费机制考虑到建设资金的不同性质：

• 区分资本金和融资款

考虑到资本金为社会资本方的自有资金，而融资款为借债有固定成本，因此给予不同的投资回报。有的项目甚至就融资款部分仅考虑融资利息而不再给予融资利差。

• 区分建设工程其他费用、工程费用

在社会资本方为施工企业的项目中，考虑到社会资本方在施工阶段的利润，政府方会适当降低工程费用所对应的投资回报率，而对于工程建设其他费用部分给予相对工程费用部分较高的投资回报率。

◆ 另外，关于可用性付费，付费周期是否必须与运营期一致？

在大部分基础设施和公共服务类项目中，由于固定资产的折旧年限通常在 10—20 年，且在运营期内通常无须进行大范围的更新，为了激励社会资本方提供优质服务的持续性，政府方会在运营期内分期支付费用。

但是在科技类项目如信息化、智慧城市等项目中，由于项目设施的折旧年限通常都比较低（3—5 年），且在至少 10 年的合作期内社会资本方需要就初始投资进行一定比例的更新以保证项目的可用性。在这种情况下，我们认为就初始投资部分的付费期可以短于项目的运营期，一方面是为了匹配固定资产的折旧年限，降低过长付费期给政府财政造成的负担；另一方面由于社会资本方需要进行二次更新，政府方仍旧可以就更新部分的投资付费在后续的经营期内继续进行绩效考核，以维持项目的可用性。

（2）运维服务付费

运维服务付费是指政府依据社会资本方所提供的运营维护服务而使项目设施保持合同约定的可用性标准和要求进行的付费。运维服务付费的付费方式通常有以下三种：

①固定值

通常政府方会在招标文件中明确运维服务的内容和要求，并设定一个运维服务付费的区间，社会资本方根据运维服务内容自行测算运维服务所需要的成本并考虑合理利润后，在政府给定的区间范围内进行报价，中标价即为该项目的运维服务付费。在运营维护服务内容和要求不变的情况下，除非运维成本发生较大变化而根据约定进行调价，否则运维服务付费不予调整。

②成本加成

根据运营期内经审计的运营维护成本和社会资本方投报的运维服务年回报率计算运维服务付费。我们认为，成本加成法不符合市场规则，在确定的成本利润率前提下，按照成本加成法核算价格，则成本越高，利润总额越高。这种定价机制制约了社会资本方通过提高管理效率降低成本的积极性，无论对政府、对社会资本方都是不适当的。

③定额计算

某些 PPP 项目涉及的运营维护内容会有行业收费标准和指标，这类项目的运维服务付费通常根据服务单项按照定额（或定额下浮）的方式确定，下浮率通过投标报价或双方协商，无定额的服务单项则按照市场询价或招标方式确定。

2. 使用量付费模式（Usage Payment）

使用量付费是指政府依据社会资本方所提供的项目设施或服务的实际使用量来付费，付费多少与实际使用量大小直接挂钩。在使用量付费模式中通常由社会资本方根据项目的建设成本、运营成本及合理利润投报服务单价，根据服务单价和使用量计算付费额。但为了防止实际运营中使用量过高带来的超额收益或过低导致难以收回成本的现象，一般在按使用量付费的 PPP 项目中，双方通常会在项目合同中根据项目的性质、预期使用量、项目融资结构及还款计划等设置分层级的使用量付费机制，包括最高使用量和最低使用量。

最低使用量：即政府与社会资本方约定一个项目的最低使用量，在项目实际使用量低于最低使用量时，不论实际使用量多少，政府均按约定的最低使用量付费。最低使用量的付费安排可以在一定程度上降低社会资本方承担实际需求风险的程度，提高项目的可融资性。

最高使用量：即政府与社会资本方约定一个项目的最高使用量，在实际使用量高于最高使用量时，政府对于超过最高使用量的部分不承担付款义务。最高使用量的付费安排为政府的支付义务设置了一个上限，可以有效防止政府因项目使用量持续增加而承担过度的财政风险。

举例来说，在污水处理 PPP 项目中，双方通常会约定基础水量（最低使用量）和拒绝水量（最高使用量）两个临界值。另外，污水处理服务费单价 = 固定单价 + 变动单价，其中，固定单价反映污水处理厂投资建设的资本性支出成本和合理利润，变动单价反映污水处理厂生产运营的运营成本及合理利润。通常其计算公式如下：

当，实测污水处理量 < 基础水量时，

当日的污水处理服务费 = 实测水量 × 污水处理服务费单价 +（基础水量 – 实测水量）× 固定单价；

当，基础水量 < 实测污水处理量 < 拒绝水量时，

当日的污水处理服务费 = 实测水量 × 污水处理服务费单价

当，进水水量超过拒绝水量时，

当日污水处理服务费 = 拒绝水量 × 污水处理服务费单价 + 实际处理的超过拒绝水量部分的水量 × 变动单价。

（二）使用者付费

大部分使用者付费项目的付费机制与政府付费中的使用量付费模式类似，即根据使用量以及约定的服务单价计算付费额。

使用者付费单价的定价方式主要包括，政府参与定价、根据市场价格定价。

1. 政府参与定价的方式

在 PPP 实践中，政府参与定价通常可以采取以下两种方式：

（1）由政府设定一定区域内某一行业的统一价

例如，高速公路收费实行统一定价，居民自来水费在一定行政区域内实行统一定价。政府统一定价需要经过一定的法定程序，如听证以及物价部门的批准等。

（2）约定定价原则和计价标准

例如，综合管廊项目，政府出台了关于综合管廊项目的入廊费和日常

维护费的定价原则和依据。通常在 PPP 项目合同中，可根据这些定价原则和依据约定具体的计费方式，作为最终双方协商定价或政府指导定价的依据。

2. 根据市场价格定价

由社会资本方根据投资、运营成本以及合理利润自行确定服务价格。例如，工业园区内的供水、污水处理价格。社会资本方通常会根据园区内不同工业企业所排放的污水类型、污染物指标、浓度、污水水量等因素，与不同的客户协商约定不同的污水处理单价。

（三）可行性缺口补助

可行性缺口补助主要有以下几种形式：

1. 投资补助

在项目建设投资较大，无法通过使用者付费完全覆盖时，政府可无偿提供部分项目建设资金，以缓解社会资本方的前期资金压力，降低整体融资成本。通常政府的投资额应在制定项目融资计划时或签订 PPP 项目合同前确定，并作为政府的一项义务在合同中予以明确。投资补助的拨付通常不会与社会资本方的绩效挂钩。

2. 政府付费补贴

①价格补贴

在涉及民生的公共产品或服务领域，为平抑公共产品或服务的价格水平，保障民众的基本社会福利，政府通常会对特定产品或服务实行政府定价或政府指导价。如果因该定价或指导价较低导致使用者付费无法覆盖项目的成本和合理收益，政府通常会给予社会资本方一定的价格补贴。例如地铁票价补贴。

②按量补贴

同样，在特定产品或服务实行政府定价或政府指导价的项目中，除了给予一定价格补贴外，也可以根据使用量进行补贴。即，在单价固定的情况下，当实际使用量达不到基本使用量时，政府对于不足基本使用量的部分进行补贴。

③总额补贴

根据财金21号文相关规定，对可行性缺口补助模式的项目，在项目运营期内，由于使用者付费的明显不足，政府承担部分直接付费责任。政府每年直接付费数额包括：建设总投资、运营成本和合理利润，根据可用性付费方式计算出的每个运营年的付费额，减去每个运营年使用者付费的数额。

即，当年可行性缺口补助＝当年可用性付费＋当年运维服务付费－当年使用者付费。

此外，政府还可通过无偿划拨土地，提供优惠贷款、贷款贴息，投资入股，放弃项目公司中政府股东的分红权，以及授予项目周边的土地、商业等开发收益权等方式，有效降低项目的建设、运营成本，提高社会资本方的整体收益水平，确保项目的商业可行性。

（四）唯一性条款

由于在使用量付费和使用者付费项目中，社会资本方的成本回收和收益取得与项目的使用者实际需求量（即市场风险）直接挂钩，为确保PPP项目能够顺利获得融资支持和合理回报，双方通常会在PPP项目合同中增加唯一性条款，即要求政府承诺在一定期限内和一定区域范围内不再批准新建与本项目有竞争的项目。需要注意的是，与此相对应的，社会资本方也必须承诺在一定期限和区域范围内履行普遍服务的义务，而当社会资本方提供的服务不能满足公共需求时，社会资本方必须加大投入以满足公共需求，否则政府方有权打破唯一性条款、甚至收回经营权。

（五）超额利润分享机制

基于PPP项目公共服务的属性，PPP项目鼓励建立合理的利益共享机制，以确保社会资本方应实现“盈利但不暴利”，因此在使用量付费和使用者付费项目中在设计付费机制时考虑设定一些限制超额利润的机制，包括约定投资回报率上限、使用量上限等，超出上限的部分归政府所有，或者就超额利润部分与社会资本方进行分成等。但基本的原则是无论如何限制，付费机制必须能保证社会资本方获得合理的收益，并且能够鼓励其提高整个项目的效率。

三、价格调整机制

在长达10—30年的PPP项目周期中，市场环境的波动会直接引起项目成本的变化（包括利率成本、人工成本等），进而影响社会资本方的收益情况。在PPP项目合同中设置合理的价格调整机制，可以将政府付费金额/使用者付费金额维持在合理的范围，防止过高或过低付费导致社会资本方超额利润或亏损。

（一）公式调整机制

公式调整机制是指通过设定价格调整公式建立政府付费金额与某些特定因素之间的联动关系，以反映成本变动对付费金额的影响。根据不同的付费方式区分不同的公式调整机制。

1. 可用性付费的调整

由于可用性付费的计算基数，也就是项目总投资在项目竣工验收后即为固定的成本，因此在进入运营期后无须考虑此部分的成本变化。但是由于在运营期内需要就总投资中的融资款部分进行还本付息以及考虑资本金部分的资金成本，若运营期内的央行基准利率发生变化，则会导致社会资本方的财务费用增加，进而影响社会资本方的收益。

因此，在可用性付费模式下，通常会根据利率风险的分担原则做如下安排：

（1）由政府方承担利率调整的风险

通常在 PPP 项目合同中会锁定项目投资收益利差，即：中标的项目投资回报率 – 投标时所适用的央行贷款基准利率。在项目运营期内，若央行贷款基准利率发生调整，则从调整日起的可用性付费根据调整后的投资回报率进行计算：

调整后的投资回报率 = 调整后的基准利率 + 投资收益利差

另外，也有根据央行贷款基准利率调整比例相应调整投资回报率的方式，但需考虑到该种方式会同比例放大或缩小投资利差，即使利率上调时增加社会资本方的投资回报率，利率下调时进一步降低社会资本方的投资回报率。

（2）由政府方和社会资本方共担利率调整风险

通常在 PPP 项目合同中会约定：央行贷款基准利率的调整在一定幅度范围内不予调整可用性付费额，调整超过一定幅度后，针对超过部分据实调整可用性付费额。举例来说，在项目运营期内若将调整幅度设定为 0.5%。

◆ 当调整后的基准利率大于（投标时所适用的央行基准利率 +0.5%）时，则从调整日起的可用性付费根据调整后的投资回报率进行计算：

调整后的投资回报率 = 调整后的基准利率 –0.5%+ 投资收益利差

◆ 当调整后的基准利率小于（投标时所适用的央行基准利率 –0.5%）时，则从调整日起的可用性付费根据调整后的投资回报率进行计算：

调整后的投资回报率 = 调整后的基准利率 +0.5%+ 投资收益利差

以上两种方式均考虑的是全投资回报率的调整，也就是除了考虑融资款部分给社会资本方实际增加的财务费用，资本金部分的资金成本也在考虑范围内。但事实上，由于资本金部分本身对项目公司来说应为非债性资金，且作为股权投资应具有一定的风险性，因此很多专家认为基准利率的调整应仅就融资部分给社会资本方实际增加的财务费用据实调整。我们认为该等约定属于政府方和社会资本方协商确定的商务条款，政府方需要根据对市场的判断和自身的情况综合考虑采取哪一种方式，而社会资本方也需要评估自身对这种风险的抵御能力。

2. 运营维护付费固定价及固定单价的调整

政府付费中运维服务付费（成本加成不考虑调价、定额付费则根据定额的调整而调整）中的固定价、使用量付费单价、使用者付费中单价通常根据价格中的主要成本要素占比及变动情况设定调价公式进行调价，以污水处理服务单价的调价公式为例：

$P_n = P_{n-x}K$

其中：$K = C1（E_n/E_{n-x}）+ C2（L_n/L_{n-x}）+ C3（Ch_n \times Ch_{n-x}）+ C4（S_n/S_{n-x}）+ C5（CPI_n/CPI_{n-x}）$

P_n：第 n 年调整后的污水处理服务单价

P_{n-x}：第 n 年调价前执行的污水处理服务单价，且每 x 年调整一次。

K：调价系数

n：第 n 年是调整污水处理基本单价的当年；

E：项目所在地电网销售电价表中本项目所适用的电度电价；

L：项目所在地统计局公布的在岗职工平均工资；

CH：国家统计局公布的全国分行业工业品出厂价格指数中的化学原料及化学制品制造业价格指数；

S：污水处理厂所产生污泥的单位污泥处理处置费用；

E、L、CH、S 在每一次调价时均应以目前能获得的最新官方数据比上上一次调价时所适用的当时能获得的最新官方数据。因此，右下角的 x 数值根据相关因素数值可以获得的所在年度确定。

$C1-C4$：比例系数，分别为污水处理厂电费、人员工资福利费、化学品费、污泥处置费所在污水处理服务费单价的比例。

$C5$：为价格构成中除电费、人员工资福利费、化学药剂费及污泥处置费以外的其他因素在价格构成中所占的比例。

且：$C1+C2+C3+C4+C5=100\%$，即 $C5 = 1-（C1+C2+C3+C4）$

在 PPP 项目合同中除了给出具体的调价公式以外，还会明确约定调价周期，通常为 2—3 年；或者约定每年调整一次，但仅在变动超过一定幅度时，方启动调价工作；或者同时约定年限和幅度。

（二）其他机制

在《PPP 项目合同指南》中还介绍了基准比价机制和市场测试机制，但这两种付费调整机制在目前的实践操作中并不常见，因此这两种方式有待研究和实践。

四、绩效考核机制

国办发 42 号文明确要求："建立事前设定绩效目标、事中进行绩效跟踪、事后进行绩效评价的全生命周期绩效管理机制，将政府付费、使用者付费与绩效评价挂钩，并将绩效评价结果作为调价的重要依据，确保实现公共利益最大化。"

有关绩效考核机制的设定（包括绩效考核的标准、绩效监测方式、绩效考核不合格的后果），请详见第十五章"项目运营"中的相关内容。

另外，需要注意的是，在实践中很多 PPP 项目的可用性付费仅与项目竣工验收合格进行绩效考核挂钩，而未对运营期内的可用性进行评价和考核。然而，从"政府付费"的本意来看，该种思路还存在有一些偏差。按照财政部发布的《PPP 项目合同指南》规定来看，可用性体现的是项目全生命周期的可用性，非仅是建设期的可用性。目前的很多 PPP 项目均采用建设期的可用性加上运营期的绩效付费，其中可用性付费以项目竣工验收合格以及其他可用性绩效指标为标准，自项目商业运营日起向社会资本方全额支付可用性付费。绩效付费依据约定的运营维护绩效考核标准及考核程序，根据考核结果进行支付。该种运作方式把可用性仅限定为建设可用性，把可用性付费与运营维护付费割裂开来，似乎有"BT+O"之嫌疑，不利于社会资本方站在全生命周期的角度投资、建设、运营维护项目。

但“存在即是合理”，目前阶段社会资本方对于绩效考核挂钩可用性部分接受程度偏低，一方面对于自身的运维和管理能力缺乏信心，更关键的原因是担心政府履约的随意性，以及在绩效考核标准合理性和第三方评价机构独立性不能完全保证的情况下，社会资本方更担心政府履约的风险。另外，对于绩效考核挂钩可用性部分也会降低项目的可融资性，加大项目融资难度。因此，政府方应当综合考虑项目情况决定可用性付费与绩效考核挂钩的程度，确保项目的可行性也激励社会资本方提供建设和运维能力。

第十二章　履约担保和保险

《财政部关于印发政府和社会资本合作模式操作指南（试行）的通知》（以下简称“财金［2014］113”）规定履约保障边界条件是项目边界条件（项目合同的核心内容）之一，并认为“履约保障边界主要明确强制保险方案以及由投资竞争保函、建设履约保函、运营维护保函和移交维修保函组成的履约保函体系”。本章将主要针对PPP项目合同中履约保障体系内容进行阐述。

一、履约担保

《PPP项目合同指南（试行）》（以下简称“项目合同指南”）将履约担保界定为“为了保证项目公司按照合同约定履行合同并实施项目所设置的各种机制”，这是对“履约担保”的广义解释。我们理解，PPP项目中的履约担保体系包括两个层面，第一层面为社会资本方与政府方之间，第二层面为社会资本方与项目其他参与方（主要为施工方、原料供应商、受托运营商等）之间，本文将仅对第一层面履约担保体系进行阐述。

（一）选择原则

PPP项目中的履约担保并非必需，这一点项目合同指南和《政府和社会资本合作项目通用合同指南（2014年版）》（以下简称“通用合同指南”）都有提及。项目合同指南指出：（1）“如果该项目公司的资信水平和项目本身的机制足以确保项目公司不提供履约担保同样能够按照合同约定履约”，（2）“且在项目公司违约的情形下，政府有足够的救济手段”，则“可以不需要项目公司提供履约担保”。但结合财金［2014］113将履约担保作为项目合同的核心内容的相关规定，以及已有的PPP项目实践来看，当前的PPP项目几乎都设置了履约担保机制。

根据项目合同指南，履约担保的一般选择原则（包括选择的担保方式和担保额度）包括两点，其一为“所选用的担保方式可以足够担保项目公司按合同约定履约”，即担保的履约威慑力足够；其二为“在出现违约情形下政府有足够的救济手段”，即便于政府方实行违约救济。根据通用合同指南，PPP项目合同中的履约担保事项可以包括“履约担保的类型、提供方式、提供时间、担保额度、兑取条件和退还等”，为落实上述选择原则，PPP项目合同的履约担保条款通常会明确上述内容。

（二）担保类型

根据项目合同指南及财金［2014］113，以项目所处细分阶段的不同，PPP项目中常见的履约担保类型包括如下几种：

序号	项目阶段	担保类型
1	采购阶段	投标担保
2	采购完成后前提条件实现前（如有）	前提条件成就担保
3	建设期	建设期履约担保
4	运营期	运维履约担保
5	期满终止日前的12个月至项目期满移交后12个月内	移交维修担保

上述担保又可区分为投标竞争担保及履约担保，前者目的在于促使投标阶段社会资本方遵循相应的采购竞争规则，即上表中的投标担保；后者存在于项目采购完成合同签订后（即履约阶段），目的在于促使社会资本方妥善履约，通常包括上表中2–5项担保。

就上述担保类型应注意以下两点：

首先，上述担保为常见类型，但并非必设，实践中应根据项目特点选择设置相应的担保类型。通常，由于建设期内政府方相对缺乏督促社会资本方履约的抓手，通常会设置建设期履约担保；而在运维期，考虑到政府方已开始付费，政府方通常会选择是否设置运维履约担保；对设有前提条件的项目，可选择设置相应担保以促成前提条件的实现；对于移交维修担保，应根据项目具体情况谨慎设置，通常对于设有恢复性大修或要求社会资本方履行类似维修责任的项目，针对维修责任的履行及对履行效果的监督，适宜设置移交维修担保，但对未设有相应维修责任的项目，建议区分项目类型决定是否设置移交维修担保（我们还将在稍后的“移交”篇章中对移交维修担保的约定做进一步详细介绍）。

其次，各阶段履约担保的设置应注意各阶段妥善衔接，以构成较为完整的担保体系。

（三）担保方式

法律文件	相关规定
《政府采购法实施条例》	投标保证金应当以支票、汇票、本票或者金融机构、担保机构出具的保函等非现金形式提交。 采购文件要求中标或者成交供应商提交履约保证金的，供应商应当以支票、汇票、本票或者金融机构、担保机构出具的保函等非现金形式提交。
财金［2014］113	社会资本应以支票、汇票、本票或金融机构、担保机构出具的保函等非现金形式缴纳保证金。
《政府和社会资本合作项目政府采购管理办法》，以下简称“财库［2014］215”	社会资本应当以支票、汇票、本票或者金融机构、担保机构出具的保函等非现金形式交纳保证金。
《招标投标法实施条例》	依法必须进行招标的项目的境内投标单位，以现金或者支票形式提交的投标保证金应当从其基本账户转出。

1. 投标担保

根据《政府采购法实施条例》及相关规定，投标保证金应当以支票、汇票、本票或者金融机构、担保机构出具的保函等非现金形式提交。但《招标投标法实施条例》并未将担保形式限制于此，该条例规定投标保证金可以现金形式提交。

2. 履约担保

除投标保证金具有上述特殊性外，履约保证金应为“支票、汇票、本票或者金融机构、担保机构出具的保函等非现金形式”，对此，《政府采购法实施条例》、财金［2014］113及财库［2014］215都已明确。

保函是当前项目实践中应用最为广泛的担保形式。应注意的是，虽然相关规定已明确担保形式包括“金融机构、担保机构出具的保函”，但实际上项目实施机构对保函出具方往往有明确要求，比如“国有大型银行出具的保函”。此外，在部分PPP项目中政府方要求社会资本方缴纳现金投标保证金和履约保证金，这与《政府采购法实施条例》及相关规定中的“非现金形式”存在冲突。

（四）担保数额

法律文件	相关规定
《政府采购法实施条例》	投标保证金不得超过采购项目预算金额的2%。 履约保证金的数额不得超过政府采购合同金额的10%。
《政府采购非招标采购方式管理办法》	保证金数额应当不超过采购项目预算的2%。
《政府采购竞争性磋商采购方式管理暂行办法》	磋商保证金数额应当不超过采购项目预算的2%。
财金［2014］113	参加采购活动的保证金的数额不得超过项目预算金额的2%。 履约保证金的数额不得超过政府和社会资本合作项目初始投资总额或资产评估值的10%。无固定资产投资或投资额不大的服务型合作项目，履约保证金的数额不得超过平均6个月的服务收入额。

续表

法律文件	相关规定
财库［2014］215	参加采购活动的保证金数额不得超过项目预算金额的 2%。 履约保证金的数额不得超过 PPP 项目初始投资总额或者资产评估值的 10%，无固定资产投资或者投资额不大的服务型 PPP 项目，履约保证金的数额不得超过平均 6 个月服务收入额。
《招标投标法实施条例》	投标保证金不得超过招标项目估算价的 2%。 履约保证金不得超过中标合同金额的 10%。

根据上述规定：

1. 投标保证金数额应不超过项目预算金额 / 招标项目估算价的 2%；

2. 根据项目类型不同，财金［2014］113 及财库［2014］215 履约保证金的数额作了区别：（1）适用初始投资总额或中标合同金额（新建项目）/ 资产评估值（存量项目）的 10%，虽未明确规定，但结合全文，该类项目应为固定资产投资项目及投资额较大的服务型 PPP 项目；（2）对无固定资产投资或者投资额不大的服务型 PPP 项目，履约保证金的数额不得超过平均 6 个月服务收入额。我们理解，上述规定中履约保证金的数额应为履约各阶段所有保证金之和，而非指单一阶段金额。

另外，对于履约保证金的数额，在项目合同中需要关注以下约定：

1. 明确被扣除的担保金额应由担保提供方及时补足恢复至规定金额。为了维持履约担保的效力，PPP 项目合同中通常约定在政府方提取履约保证金以后，社会资本方限期补足履约担保金额的义务，否则政府方有权从政府付费中予以扣除。

2. 根据项目自身特点，设置根据项目进度相应降低担保金额的机制。

3. 明确提取条件和退还时间、方式。首先，PPP 项目合同中关于履约保证金提取的条款应注意，导致履约保证规定的提取条件成就时能够保障政府方及时、便捷地进行提取。其次，当社会资本方依照合同规定，履行了合同义务，履约担保期间结束后，政府方应当及时将履约保证金退还给社会资本方。PPP 项目合同对履约保证金的退还通常设置如下前提条件：

（1）所担保的履约期限届满；（2）下一阶段的履约保函提交后的一定期限内（移交维修保函除外）。实践中，若以现金形式提交履约保证金的，如需提供后续履约担保，通常在 PPP 项目合同中约定不需要退还而是直接转为下一阶段的履约保证金。

（五）履约保函

作为当前履约担保最为广泛的运用形式的“保函”，法律属性上并不属于我国《担保法》列举的传统担保形式，而属于独立保证的一种，其与传统担保的主要区别在于虽然其产生于基础法律关系，但一旦产生其运行则独立于基础法律关系。这一法律属性的主要依据为《最高人民法院关于审理独立保函纠纷案件若干问题的规定》（以下简称“法释〔2016〕24”），根据该规定，当事人以独立保函记载了对应的基础交易为由主张保函性质为一般保证或连带保证的，或保函被主张适用《担保法》关于一般保证或连带保证规定的，人民法院不予支持。

根据法释〔2016〕24，独立保函“指银行或非银行金融机构作为开立人，以书面形式向受益人出具的，同意在受益人请求付款并提交符合保函要求的单据时，向其支付特定款项或在保函最高金额内付款的承诺”，对应 PPP 项目中的履约保函，即应社会资本方请求，由银行或其他担保机构向政府方（通常为项目实施机构）开具的书面承诺，承诺在发生一定事项后根据政府方请求在约定的最高金额范围内付款。应注意的是，正是基于保函的这一属性，政府方向保函开立方申请付款并不依据 PPP 项目本身的相关法律关系，而仅根据保函载明的审单标准进行单据的表面相符审查即可。

PPP项目中开具的履约保函，在保函本身所载内容上应注意以下几点：

1. 载明据以付款的单据。根据法释〔2016〕24，单据指保函载明的受益人（通常为项目实施机构）应提交的付款请求书、违约声明、第三方签发的文件、法院判决、仲裁裁决、汇票、发票等表面发生付款到期事件的书面文件。

2. 载明最高金额。

3. 应至少载明下列事项之一：

（1）保函载明见索即付；

（2）保函载明适用国际商会《见索即付保函统一规则》等独立保函交易示范规则；

（3）根据保函文本内容，开立人的付款义务独立于基础交易关系及保函申请法律关系，其仅承担相符交单的付款责任。

此外，履约保函如转让应满足一定条件，根据法释〔2016〕24，保函如同时载明“可转让和据以确定新收益人的单据”，则可转让；保函的受益人（政府方）付款请求权的转让可在保函中进行约定。

二、保险

某种意义上，项目风险的合理分配及转移是 PPP 项目合同的主线，而 PPP 项目中购买保险并维持其效力是转移风险的重要一环。PPP 项目合作期内各方对购买并维持保险的责任分工、各方在保险中所占的角色分配、应购买的合理保险种类、保险覆盖的项目范围、保险获得的风险等问题都是与保险最终与项目风险密切相关的问题。

（一）保险相关当事人

1. 投保人

PPP 项目合同的约定投保人通常为社会资本方。项目合同指南也将“获得项目相关保险”列为“通常由项目公司承担的风险”，作为项目的实施主体，由社会资本方购买保险无疑也是最为合适的。同时，PPP 项目合同条款中也同时会约定当社会资本方未按约定投保时，由政府方自行购买保险，此时投保人为政府方。

2. 被保险人

根据《保险法》的规定，“被保险人是指其财产或者人身受保险合同保障，享有保险金请求权的人”。根据险种的不同，被保险人将出现差异，但社会资本方应始终作为被保险人之一，在保险事故发生后享有保险金请求权，根据合同约定的不同，政府方或政府指定机构也可作为被保险人。

（二）保险费的承担

PPP 项目合同中应明确项目相关保险费由谁承担，这也通常将影响到项目可用性付费、运维成本的计算。

1. 建设期保险费

根据《建筑安装工程费用项目组成》的规定，社会保险费（含工伤保险费）含在建筑安装工程费用中，属于建筑安装工程费用中的规费。根据《市政工程设计概算编制办法》，建设工程其他费中包括工程保险费。根据《建设工程施工合同（示范文本）》（GF-2013-0201）（以下简称“施工合同示范文本”）的规定，工程保险费包括建筑工程一切险、安装工程一切险及专用合同条款中约定的险种。建安费及建设工程其他费是建设投资的重要组成部分，往往作为计算可用性付费的基数。据此，即使 PPP 项目合同中未明确约定，建设期发生的工伤保险费及工程保险费将最终由政府方承担。除上述保险种类之外的保险费则应由双方在项目合同中上另行约定予以明确。

2. 运营期保险费

运营期保险费的承担与项目付费机制密切相关，如为固定运营费的项目，保险费已包含在中选社会资本所投保的固定运营费中，社会资本方应在测算报价时提前考虑；除此之外，双方还应注意在 PPP 项目合同中约定运营期的保险费是否包括在运营成本中，以明确最终由哪一方承担。

实践中，政府方往往要求社会资本方在运营期购买财产一切险。与财产基本险、综合险相比，财产一切险通常承保除保单上列明的除外责任的因自然灾害、意外事故造成的直接物质损失，还可以扩展承保盗窃、罢工、暴动、民众骚乱等风险，承保范围最广，保障效果更为明显。同时，被保险人仅需证明损失的造成系因自然灾害或意外事故等外来原因，其举证责任更为简单有利。但是，如果财产金额巨大（导致保险费金额高）且发生风险的概率极低时（如地下综合管廊类的项目），财产一切险的保险费将客观上构成运营成本的一项不小的开支。

（三）PPP 项目中的保险种类

PPP 项目中通常购买的保险根据项目阶段的不同而有区别。为转移风险，PPP 项目合同中通常设置强制保险方案。项目实践中应注意避免同一阶段所购买保险投保范围重合。

1. 建设期主要保险类型

PPP 项目合同中约定的建设期应购买的保险指的是由投保人（通常为社会资本方）为项目建设所购买的保险。施工合同示范文本的规定，社会资本方作为发包人应当购买的保险包括工程保险，具体指建筑工程一切险或安装工程一切险；工伤保险。此外，社会资本方和承包人可以为其施工现场的全部人员购买意外伤害保险，承包人应为其施工设备等办理财产保险。

2. 运营期主要保险类型

不同类型项目在运营期内有不同的保险要求，这种区别在运营型项目与轻运营类项目差别尤其明显。对于运营型项目，如污水处理项目、自来水项目而言，对项目设备的保险尤为重要。通常 PPP 项目合同中要求购买的保险包括财产一切险、环境责任险、第三者责任险。

3. 主要保险类型简介

（1）社会资本方通常应当购买的保险

①建筑工程一切险或安装工程一切险

工程一切险属于财产险，通常是承保项目建筑 / 安装因自然灾害或意外事故而造成的被保险人的物质损失以及因物质损失而产生的费用。施工合同示范文本明确本项保险的保险费及其他相关费用由发包人（即 PPP 项目中的社会资本方）承担。

②工伤保险

根据《工伤保险条例》及施工合同示范文本，社会资本方作为发包人应根据相关规定参加工伤保险，“并为在施工现场的全部员工办理工伤保险，缴纳工伤保险费，并要求监理人及由发包人为履行合同聘请的第三方依法参加工伤保险”。

（2）其他保险

根据相关规定，社会资本方对下述保险并无购买的义务，但在 PPP 项目合同中约定由社会资本方购买，或由社会资本方督促第三方购买。

①意外伤害险

根据《建设工程安全生产管理条例》的规定，施工单位或施工总承包模式下的总承包单位应当购买意外伤害保险；施工合同示范文本规定，发包人和承包人可选择为施工现场全部人员办理意外伤害险。

②设备相关保险

根据施工合同示范文本，“除专用合同条款另有约定外，承包人应为其施工设备等办理财产保险”。

③第三者责任险

第三者责任险的保险责任范围通常是指与项目工程直接相关的意外事故引起的工地内及邻近区域发生的第三者人身伤亡或财产损失。

④货物运输险

投保货物运输相关保险主要是为了转移项目相关的材料和设备在运输途中遭遇损坏或灭失的风险。

⑤施工机具综合保险

施工机具综合保险通常是指在工程建设、安装、运营测试及调试期间，就社会资本方选定的承包商自有或其租赁的施工机具的损坏或灭失的可保风险进行投保。

⑥环境责任险

根据《关于环境污染责任保险工作的指导意见》环境污染责任保险是以企业发生污染事故对第三者造成的损害依法应承担的赔偿责任为标的的保险。

（四）维持保险的义务

社会资本方作为投保人应当根据项目建设与运营期间的不同需求，按照法律规定以及合同约定及时、有效地为相关当事方进行投保。通常，社会资本方购买的保险合同应当覆盖 PPP 项目的整个合作期间，不得随意缩短保险期间、变更保险种类、保险范围等核心条款，投保的保险金额应根据 PPP 项目规模合理确定。当发生保险事故时，及时协助受益人进行索赔。

第十三章　违约、提前终止与补偿

违约和提前终止（合同解除）条款是 PPP 项目合同中核心条款之一，《PPP 项目合同指南（试行）》（以下简称“项目合同指南”）第二章第十八节规定了“违约、提前终止及终止后处理机制”；《政府和社会资本合作项目通用合同指南》（以下简称“通用合同指南”）第十二章、第十三章分别规定了“合同解除”“违约处理”。本章将就 PPP 项目合同中的违约和提前终止（合同解除）与补偿进行解析。

一、违约

（一）违约情形

项目合同指南认为：“不同的 PPP 项目合同对于违约事件的界定方式可能不同，通常包括概括式、列举式以及概括加列举式三种，其中概括加列举式在 PPP 项目合同中更为常见。在 PPP 项目合同起草和谈判过程中，双方应对哪些事项构成违约事件进行认真判别，并尽可能地在 PPP 项目合同中予以明确约定。”

事实上，PPP 项目合同中约定一方应履行某项义务，而该方未能按约定履行该等义务的，即构成违约情形，因此，违约情形并不必要在合同中一一明确，而仅是在为了强调和明确比较重大的违约情形时才会将具体的违约情形在 PPP 项目合同中予以列举。在 PPP 项目合同中，根据项目阶段的不同，并区分违约主体，重大违约情形通常如下：

重大违约情形

阶段	任一方违约	政府方违约	社会资本方违约
准备期	1. 未按时实缴项目公司出资； 2. 未按时签署项目公司章程、配合完成项目公司设立； 3. 未按时完成可研、初步设计； 4. 未按时提供经审查合格的施工图。	1. 未将项目付费纳入中期财政规划 / 财政预算； 2. 未对项目融资提供约定的必要支持； 3. 未按时提供建设场地； 4.迟延进行正向移交。	1. 未按时完成融资交割； 2. 未足额、按时支付约定由其承担的前期工作费； 3. 未按时完成施工报建工作； 4. 迟延支付经营权转让价款。
建设期		1. 因自身原因导致项目总投资增加； 2. 未按时支付建设期利息 / 补贴（如有）； 3. 未（按时）完成对项目总投资超概算的报批及审批工作； 4.违约缩减项目规模； 5. 违反排他性约定，与第三方合作。	1. 未（按时）提交建设期履行保函； 2. 因自身原因未按时开工； 3. 建设资金未及时、足额到位； 4.未（按时）提交建设进度等相应文件； 5. 因自身原因未按时完工； 6. 未（及时）购买相应保险，或未保持保险持续有效，发生保险事故发生后未及时行使请求权导致未获理赔； 7. 违约 / 违法发包、分包； 8. 违约 / 违法进行设备等相关采购； 9. 因乙方原因导致项目总投资增加； 10. 违约转让项目公司股权。
运营期	/	1. 未按时、足额支付服务费； 2. 违反排他性约定，与第三方合作； 3. 发生政府方可控的对项目设施或项目公司股权的征收或征用； 4. 发生政府方可控的法律变更导致项目合同无法继续履行的。	1. 未（按时）提交运营期履约保函、移交维修保函； 2. 违约转让项目公司股权； 3. 运维不达标； 4. 移交不达标； 5. 未（及时）购买相应保险，或未保持保险持续有效，保险事故发生后未及时行使请求权导致未获理赔。

备注：准备期指项目合同签订后至项目开工日（新建类项目）或正式运营日（存量项目）之间的期间。

（二）违约责任

违约责任条款通常分为两个部分：

1. 违约责任的一般承担方式

（1）PPP 项目合同通常会对违约责任作一般原则性规定，适用于所有的违约情形。根据《中华人民共和国合同法》（以下简称《合同法》）的规定，违约责任的承担方式有如下几种：

第 107 条："当事人一方不履行合同义务或者履行合同义务不符合约定的，应当承担继续履行、采取补救措施或者赔偿损失等违约责任。"

第 112 条："当事人一方不履行合同义务或者履行合同义务不符合约定的，在履行义务或者采取补救措施后，对方还有其他损失的，应当赔偿损失。"

第 113 条："当事人一方不履行合同义务或者履行合同义务不符合约定，给对方造成损失的，损失赔偿额应当相当于因违约所造成的损失，包括合同履行后可以获得的利益，但不得超过违反合同一方订立合同时预见到或者应当预见到的因违反合同可能造成的损失。"

（2）另外，通常 PPP 项目合同中也会相应地约定非违约方的减损义务：非违约方必须采取合理措施减轻或最大限度地减少违约方违反本合同引起的损失，并有权从违约方获得为谋求减轻和减少损失而发生的任何合理费用。如果非违约方未能采取前述措施，违约方可以请求从赔偿金额中扣除本应能够减轻或减少的损失金额。

2. 重大违约情形及违约责任承担方式

如上述第（一）条所说，PPP 项目合同会对重大违约情形进行列举，同时明确该种违约行为的违约责任承担方式。通常在 PPP 项目合同中，重大违约情形的违约责任承担方式为违约金和延长合作期限等方式。

在约定违约金金额时，需要注意根据《合同法》第 114 条："当事人可以约定一方违约时应当根据违约情况向对方支付一定数额的违约金，也可以约定因违约产生的损失赔偿额的计算方法。约定的违约金低于造成的损失的，当事人可以请求人民法院或者仲裁机构予以增加；约定的违约金过分高于造成的损失的，当事人可以请求人民法院或者仲裁机构予以适当减少。”因此，建议在PPP项目合同中针对重大违约情形约定违约金时应注意所设置违约金金额的合理性和可操作性。

另外，在PPP项目合同中通常会约定在社会资本方产生违约赔偿责任时，政府方可通过扣除履约保函中的相应金额快速实现。但为保护社会资本方的利益，同样在PPP项目合同中还应明确社会资本方的异议确认途径，如社会资本方对政府方扣除履约保函中保函金额存有异议，允许其在约定时间协商或通过第三方途径予以解决。

（三）违约责任不可抗力期间的免除

项目合同指南规定：“不可抗力条款启动后，在不可抗力事件持续期间（或双方另外约定期间），受影响方无须为其中止履约或履约延迟承担违约责任。”在此种情形下可免除受影响方的违约责任。

二、提前终止与补偿

（一）终止和解除的区别

在分析提前终止与补偿之前，我们需要明确一个概念，即终止和解除的区别。我们看到项目合同指南和通用合同指南分别用到了“提前终止”和“合同解除”两个不同的表述，那么这两者之前到底有何不同？

《合同法》第91条规定：“有下列情形之一的，合同的权利义务终止：（一）债务已经按照约定履行；（二）合同解除；（三）债务相互抵销；（四）债务人依法将标的物提存；（五）债权人免除债务；（六）债权债务同归于一人；（七）法律规定或者当事人约定终止的其他情形。”

《合同法》第93条规定，“当事人协商一致，可以解除合同。当事人可以约定一方解除合同的条件。解除合同的条件成就时，解除权人可以解除合同”。此为“约定解除”。

《合同法》第94条规定，“有下列情形之一的，当事人可以解除合同：（1）因不可抗力致使不能实现合同目的；（2）在履行期限届满之前，当事人一方明确表示或者以自己的行为表明不履行主要债务；（3）当事人一方迟延履行主要债务，经催告后在合理期限内仍未履行；（4）当事人一方迟延履行债务或者有其他违约行为致使不能实现合同目的；（5）法律规定的其他情形”。此为“法定解除”。

可以看出，“合同解除”是导致“合同权利义务终止”的原因之一，“合同解除”分为约定解除和法定解除。在PPP项目合同中我们通常所说的“合同提前终止”其实指的就是“合同解除”，它导致的结果是“合同权利义务终止”。

考虑到大家的阅读习惯，下面在介绍“提前终止及补偿”时继续沿用“提前终止”的表述。但经过刚才的分析，“提前终止”准确的表述应为“合同解除”。

（二）提前终止（合同解除）的情形

前面提到合同解除分为“约定解除”和“法定解除”，通常“法定解除”的情形不必要在合同中予以列举，而仅需要将“约定解除”的情形约定在PPP项目合同的“提前终止的情形”条款中，当条件满足时解除权人可以解除合同。

通常在PPP项目合同中约定的提前终止的情形包括：（1）政府方重大违约；（2）社会资本方重大违约；（3）法律变更或政府行为；（4）其他情形，如情势变更或政府方认为必要的情形。

就“政府方重大违约”而言，通常将政府方重大违约情形中可能导致社会资本方利益严重受损、影响合同目的实现等情形作为合同提前终止的情形在PPP项目合同中进行约定，如：（1）声明与保证条款中出现严重失实；（2）违反排他性（唯一性）条款；（3）未能按时完成征地拆迁补偿工作；（4）未能按时支付政府付费；等。

就"社会资本方重大违约"而言，通常将社会资本方重大违约情形中可能严重影响项目可用性的情形作为合同提前终止的情形在PPP项目合同中进行约定，如：（1）声明与保证条款中出现严重失实；（2）未能完成项目融资；（3）建设工程质量、进度不符合要求；（4）运营期内绩效考核严重不达标；（5）违反股权变更的限制；等。

需要注意的是，上述"重大违约情形"并不等同于"提前终止的情形"，通常约定在"重大违约情形"持续一定期限未能纠正，且在约定的期间仍未能采取措施进行补救的，并且对合同目的的实现造成实质影响的，才作为"提前终止的情形"，以防止当事人利用提前终止条款随意解约，影响合同的效率。

考虑到PPP项目合同期限较长，存在一定的不确定性，也可以在PPP合同中约定：在满足一定条件下（如财政可承受、社会资本方履约良好等）政府方有权提前终止PPP项目合同，在这种情况下提前终止补偿金由双方另行约定。

（三）提前终止（合同解除）的程序

1. 解除权人

通常在PPP项目合同中约定，一旦出现提前终止的情形，在有违约情形的情况下，仅守约方有权发出终止通知；无违约情形的情况下，任何一方均可发出终止通知。

2. 合同终止意向通知

约定终止意向通知的目的是希望各方通过友好协商并采取补救措施，尽量避免PPP项目合同的提前终止。但为了保证提前终止条款不被协商过程架空，在PPP项目合同中通常会约定协商期限，在该期限内若各方达成一致意见，则停止提前终止程序，若未能达成一致意见，则解除权人可正式发出合同终止通知。

值得注意的是，发出合同终止意向通知并非合同终止的必经程序，由合同各方根据项目情况在 PPP 项目合同中自行约定。

3. 合同终止通知

《合同法》第 95 条规定："法律规定或者当事人约定解除权行使期限，期限届满当事人不行使的，该权利消灭。法律没有规定或者当事人没有约定解除权行使期限，经对方催告后在合理期限内不行使的，该权利消灭。"因此，为了督促当事人充分、积极地行使自身的权利，在 PPP 项目合同中通常会约定发出提前终止通知的期限，超过该期限当事人不行使发出合同终止通知的权利，则该权利消灭。

《合同法》第 96 条规定："当事人一方依照本法第九十三条第二款（约定解除）、第九十四条（法定解除）的规定主张解除合同的，应当通知对方。合同自通知到达对方时解除。对方有异议的，可以请求人民法院或者仲裁机构确认解除合同的效力。"因此，在 PPP 项目合同中通常约定：PPP 项目合同在解除权人发出的合同终止通知到达对方之日终止。

（四）合同提前终止的效力和终止后的安排

《合同法》第 98 条规定："合同的权利义务终止，不影响合同中结算和清理条款的效力。"因此在一般的合同中，合同解除、权利义务终止后，各方无须再履行合同项下任何主要的义务和责任，但各方仍有义务进行费用结算以及终止后续事宜的处理。但是在 PPP 项目中因相关基础设施或公共服务涉及民生和公共需要，故在项目设施移交前为保持公共服务的持续供给不受到合同提前终止的影响，通常在 PPP 项目合同中约定：在项目设施移交日前，社会资本方仍需要对项目设施进行必要的运营和维护，特别是需要持续供给的供水、污水处理服务。另外，在合同提前终止后的一定期限内应成立移交小组，负责组织项目设施的移交、确定移交日以及移交日前终止补偿金的计算等。

（五）合同提前终止补偿

提前终止补偿是PPP项目合同提前终止后，由政府方向社会资本方支付用于补偿其一定投资和收益的费用，根据提前终止情形的不同其补偿原则和计算方式有所不同。

1. 提前终止的补偿原则

（1）因政府方违约、法律变更或政府行为、或政府选择终止。项目合同指南规定："对因政府方违约、法律变更或政府行为、或政府选择终止所导致的PPP项目合同提前终止的，一般的补偿原则是确保社会资本方不会因项目提前终止而受损或获得额外利益（即社会资本方获得的补偿等于假设该PPP项目按原计划继续实施的情形下社会资本方能够获得的经济收益）。"

（2）因社会资本方违约事件终止。项目合同指南规定："对于因项目公司违约事件导致项目合同提前终止的，通常补偿方式包括市场价值法和账面价值法。（1）市场价值法，即按照合同终止时合同的市场价值（即再进行项目采购的市场价值）计算补偿金额。此种方式相对比较公平，并且在项目回购后政府必须要在市场中重新进行项目采购，因此通常适用于PPP市场相对较为成熟的国家。（2）账面价值法，即按照项目资产的账面价值计算补偿金额。与市场价值法不同，计算方法主要关注资产本身的价值而非合同的价值，但有时可能导致社会资本方获得的补偿与实际投资和支付的费用不完全一致。无论是采用哪一种计算方法，一般原则是尽可能避免政府不当得利并且能够吸引融资方的项目融资。"

（3）因自然不可抗力终止。项目合同指南规定："由于自然不可抗力属于双方均无过错的事件，一般原则是由双方共同分摊风险，通常来讲补偿范围包括：尚未偿还融资方的贷款、项目公司股东在项目终止前投入项目的资金以及欠付承包商的款项。补偿金一般会扣除保险理赔金额且不包括预期利润损失。"

2. 目前常用的补偿金计算方式

提前终止补偿金的计算为PPP项目合同中的重要商务条款，虽然有前述“补偿原则”作为参考和依据，但通常取决于双方的协商，并且受项目所在地、项目类型、付费方式、谈判地位等各种因素的影响，补偿金的计算方式可谓包罗万象，各有特色。

此处仅提供一种政府付费类PPP项目合同中约定的补偿金计算方式供大家参考：

补偿金计算方式

提前终止的情形	补偿金计算方式	
政府方违约、政府行为、法律变更	建设期	已投入的资本金＋已到位的贷款本金＋实际发生的贷款利息＋已投入的资本金按回报率计算的投入期间回报＋提前终止所发生第三方的费用（工程、采购服务合同提前终止补偿、解除劳动合同的补偿金等）。
	运营期	尚未支付的可用性付费额现值＋提前终止所发生第三方的费用（提前还贷的违约金、采购服务合同提前终止补偿、解除劳动合同的补偿金等）。
社会资本方违约	建设期	已投入资本金＋已到位的贷款本金＋已投入期间的建设期利息－提前终止违约金。
	运营期	尚未偿还的贷款本息＋尚未收回的资本金－提前终止违约金。
不可抗力	建设期	[已投入资本金＋已到位的贷款本金＋实际发生的贷款利息－社会资本方实际获得的保险赔偿金－因社会资本方未按政府批准的投保范围进行投保，导致所获保险赔款无法使项目设施恢复到出险前的正常状态和价值的恢复性建设费用缺额部分（如有）]/2
	运营期	[社会资本方资产账面净值－社会资本方实际获得的保险赔款－因社会资本方未按政府批准的投保范围进行投保，导致所获保险赔款无法使项目设施恢复到出险前的正常状态和价值的恢复性建设费用缺额部分（如有）]/2

另外关于补偿金的计算提请关注如下几点：

（1）提前终止补偿与履约保函的关系：如因社会资本方违约，政府方已经提取了相应的履约保函金额，因同一违约行为不得二次获得违约赔偿，故提前终止违约金应当扣除已提取的履约保函金额。

（2）社会资本方违约导致合同提前终止情形下违约金的确定：在一些PPP项目合同中会直接约定提前终止违约金固定金额或者按总投资的一定比例确定违约金金额，但考虑到PPP项目合同涉及金额较大、期限长、情况复杂，我们认为这种方式太过简单粗暴，且没有依据，有可能造成违约金畸高或畸低的情形。我们建议应针对不同的项目期间、所剩合同期限、社会资本方已投入或收回的成本和收益、违约严重程度等综合因素区分确定提前终止情形下的违约金金额。

（3）补偿金的计算截止时间：因社会资本方需要在收到提前终止补偿金后方能进行融资款本息还贷，因此补偿金应以约定的支付日为截止时间计算。

3. 终止补偿金的支付方式和支付时间

需要注意的是，很多PPP项目合同中虽然约定了提前终止补偿金的计算方式，但并未约定支付时间，这将事实上造成终止补偿金无法实际支付，给投资人带来巨大风险，因此，PPP项目合同中应明确约定终止补偿金的支付方式和支付时间。PPP项目合同中约定的提前终止补偿金的支付方式和支付时间通常有以下两种：

（1）一次性全额支付

若提前终止补偿金金额在政府财政预算承受能力范围内，则政府方通常可选择在项目移交日后的一定期限内一次性全额支付提前终止补偿金。

（2）分期支付

若提前终止补偿金金额超出政府方财政预算承受能力范围，则政府方可选择分期支付提前终止补偿金，以减轻政府方的资金压力。但通常采取这种支付方式，特别是在政府方违约的情形下，需要注意：（1）社会资本方要求计收逾期支付的资金占用成本；（2）需要取得项目融资方的同意。

第十四章　政府方监管与移交

《PPP 项目合同指南（试行）》（以下简称“项目合同指南”）第二章第十七节和第十九节分别规定了“政府方的监督、介入”和“项目的移交”。《政府和社会资本合作项目通用合同指南》（以下简称“通用合同指南”）在第五、六、八、十章中分别规定了“前期工作监管、建设期监管、运营期监管、财务监管”，并在第九章规定了“社会资本主体移交项目”。因此，监管和移交条款是 PPP 项目合同中重要条款之一。

本文将就政府方作为 PPP 项目合同相对方的履约监管和社会资本方在合作期限届满或提前终止情形下移交等相关的约定进行解析。

一、政府方的履约监管

在 PPP 项目实施的全生命周期中，政府方除了履行法定的行政监管职责（如设立行政许可、行政监督和行政处罚）、指派出资代表在参股项目公司时享有股东的权利外，还作为 PPP 项目合同的相对方进行履约监管。

PPP 项目合同中通常会约定政府方在履约监管时所享有的主要权利，包括：批准权、知情权、现场检查权、介入权、绩效考核权和中期评估权。

（一）批准权和知情权

PPP 项目合同应明确约定需由政府方批准的事项，以及社会资本方需向政府方备案的事项。我们在下述列表中列举了部分在 PPP 项目合同中通常约定由政府方批准的事项和需要向政府方备案的事项，当然，在具体项目中对于政府方批准权和知情权的约定，需根据 PPP 项目的运作模式，结合双方的风险分配结果，由双方协商确定。

通常需由政府方批准的事项

序号	事项	序号	事项
1	设计文件及变更	8	项目设施和资产的抵押、质押等权利负担或权利限制的设置
2	施工计划及工程变更	9	项目收益权设置质押或转让
3	运营维护手册、应急预案	10	项目公司对外提供担保
4	运营服务的外包	11	土地使用权抵押、质押等权利负担或权利限制的设置
5	对保险合同重要条款的实质性变更	12	项目公司股权变更
6	暂停服务	13	项目公司超范围经营
7	服务价格的调整		

通常需向政府方备案的事项

序号	事项	序号	事项
1	融资文件	6	中长期经营计划、年度经营计划、年度运营维护计划
2	工程建设中设备、材料相关的采购文件	7	年度运营情况
3	工程建设质量保证措施和质量控制计划	8	年度财务会计报告
4	工程相关的技术资料、图纸	9	股东会决议、董事会决议
5	竣工验收文件		

（二）现场检查权

PPP 项目合同通常会约定政府方或其指定代表有出入项目公司场地的权利，包括在项目建设期间和运营期间进场检查项目建设进度、施工过程中的安全生产管理和文明施工情况和项目设施的运营和维护情况。

但政府方行使现场检查权不得影响项目的正常建设和运营，需按照合同约定履行合理的通知义务并遵守现场管理的规定。

（三）介入权

PPP 项目合同会约定政府方在特定情形下直接介入项目建设和运营的权利，通常适用于发生短期严重的问题且该问题需要被尽快解决，而政府方在解决该问题上更有优势和便利的情形，主要包括社会资本方违约和社会资本方未违约但发生紧急情况两种情形。

1. 在社会资本方违约情形下：一般在行使介入权前应按照 PPP 项目合同约定书面通知社会资本方并给予其一定期限的纠正和自行补救，如果社会资本方在约定的期限内仍无法纠正和补救，政府方或其指定的机构才有权行使介入权。如果政府方的介入仍然无法补救社会资本方的违约时，则政府方有权根据提前终止机制终止项目合同。

同时，为了避免介入权的过度使用，PPP 项目合同通常会约定触发政府方行使介入权的情形仅限于如擅自处置重要项目设施、擅自停产停业、因经营管理不善导致重大责任事故或财务状况恶化等社会资本方严重违约情况。

2. 在社会资本方未违约情形下，通常仅在以下特定的情形下，政府方或其指定的机构才有权行使介入权：

（1）存在危及人身健康或安全、财产安全或环境安全的风险；

（2）发生紧急情况且政府方合理认为该紧急情况将会导致人员伤亡、严重财产损失或造成环境污染，并且会影响项目的正常建设和运营。

但政府方或其指定的机构在行使介入权前必须履行提前通知义务，并且应当遵守合同中关于行使介入权的要求。

在行使介入权期间，PPP 项目合同通常会约定社会资本方应服从政府方或其指定的机构接收或接管本项目的所有指令，并给予必要的协助。

对于政府方在行使介入权期间相关的费用，PPP 项目合同通常会约定社会资本方仍享有政府付费、可行性缺口补助或向使用者收费的权利。而对于政府方行使介入权而发生的必要且合理的费用，PPP 项目合同会约定，在社会资本方违约情形下由社会资本方承担，在社会资本方未违约情形下则由政府方承担。

（四）绩效考核权

对于政府付费或可行性缺口补助的非经营性或准经营性 PPP 项目，绩效考核体系的设置是使 PPP 项目区分与固定回报、明股实债、BT 模式的最主要标准。

作为 PPP 项目合同的重要组成部分，绩效考核协议需明确在建设和运营阶段中各项设施和服务的绩效考核标准、绩效监测方案以及未达到绩效考核的后果（相关要求和内容可参见第十五章“项目运营”）。其中建设和运营阶段考核标准的设置侧重点各有不同：

1. 对于 PPP 项目的建设考核，政府方可对建设质量、施工进度、施工安全、环境保护和社会影响等设定明确的建设考核标准；

2. 对于 PPP 项目的运营考核，政府方可对产品质量、运营服务质量、运营成本、运营管理情况、项目设施状况、安全生产、综合治理、公众满意度等设定明确的运营绩效考核标准。

（五）中期评估权

关于中期评估的规定

法律性文件	规定内容
《传统基础设施领域实施政府和社会资本合作项目工作导则》（发改投资〔2016〕2231号，以下简称“2231号工作导则”）	项目实施机构应会同行业主管部门，自行组织或委托第三方专业机构对项目进行中期评估，及时发现存在的问题，制订应对措施，推动项目绩效目标顺利完成。
财政部关于印发《政府和社会资本合作模式操作指南（试行）的通知》（财金〔2014〕113 号，以下简称“113 号文”）	项目实施机构应每 3—5 年对项目进行中期评估，重点分析项目运行状况和项目合同的合规性、适应性和合理性；及时评估已发现问题的风险，制订应对措施，并报财政部门（政府和社会资本合作中心）备案

根据上表“关于中期评估的规定”，PPP 项目合同通常会约定每 3—5 年开展中期评估，具体的中期评估周期一般会结合项目建设进度和绩效考

核周期确定。政府方可以自行实施或组织相关的专家、中介机构进行中期评估，重点评估社会资本方的履约情况、PPP 项目合同和监管体系，主要对项目建设和运营的合规性与符合性、PPP 项目合同的修订情况、双方义务的履行情况、政府方监管情况等进行全面的审查并提出相应的建议。

二、项目的移交

根据项目合同指南的规定："项目移交通常是指在项目合作期限结束或者项目合同提前终止后，社会资本方将全部项目设施及相关权益以合同约定的条件和程序移交给政府或者政府指定的其他机构。项目移交的基本原则是，社会资本方必须确保项目符合政府回收项目的基本要求。项目合作期限届满或项目合同提前终止后，政府需要对项目进行重新采购或自行运营的，社会资本方必须尽可能减少移交对公共产品或服务供给的影响，确保项目持续运营。"

下文将就 PPP 项目合同中载明的移交的权利、移交的内容和方式、移交的条件和标准、移交的程序和方式以及移交后的风险分配等相关的约定进行介绍。

（一）移交的权利

出于土地使用权取得的障碍和政府方希望保留项目设施所有权的考虑，部分 PPP 项目中社会资本方并不拥有项目设施的所有权，PPP 项目合同应根据不同的 PPP 运作方式及项目设施的权属情况，区分社会资本方在移交时的权利，进而明确移交的内容。

1. 在 BOT、TOT 和 ROT 等运作方式下，如政府方始终拥有项目设施所有权，根据我国《物权法》第一百一十七条规定"用益物权人对他人所有的不动产或者动产，依法享有占有、使用和收益的权利"和第二百四十一条规定"基于合同关系等产生的占有，有关不动产或者动产的使用、收益、违约责任等，按照合同约定；合同没有约定或者约定不明确的，依照有关法律规定”，在 PPP 项目合同终止后，社会资本方不涉及项目设施所有权的移交，但有义务返还原基于合同关系占有的项目资产，而如社会资本方拥有项目设施的所有权，在 PPP 项目合同终止后，社会资本方则需向政府方移交项目设施的所有权及占有权。

2. 以 BOO 模式运作的 PPP 项目，因社会资本方永久持有项目设施，因此不涉及合作期满移交的环节，PPP 项目合同通常约定合同期满后社会资本方自主经营，不再受项目合同的约束，政府方仅履行行政监管职责。但是，如出现导致项目合同提前终止的情形，则 PPP 项目合同通常会约定政府方在不同情形下的回购义务，并相应地确定社会资本方是否向政府方移交项目设施的所有权及占有权。

（二）移交的内容

1. 项目移交的一般内容

项目移交的一般规定

法律性文件	规定内容
项目合同指南	项目资产移交的范围通常包括： （一）项目设施； （二）项目土地使用权及项目用地相关的其他权利； （三）与项目设施相关的设备、机器、装置、零部件、备品备件以及其他动产； （四）项目实施相关人员； （五）运营维护项目设施所要求的技术和技术信息； （六）与项目设施有关的手册、图纸、文件和资料（书面文件和电子文档） （七）移交项目所需的其他文件。

续表

法律性文件	规定内容
113 号文	移交形式包括期满终止移交和提前终止移交；补偿方式包括无偿移交和有偿移交；移交内容包括项目资产、人员、文档和知识产权等；移交标准包括设备完好率和最短可使用年限等指标。 社会资本或项目公司应将满足性能测试要求的项目资产、知识产权和技术法律文件，连同资产清单移交项目实施机构或政府指定的其他机构，办妥法律过户和管理权移交手续。
《政府和社会资本合作项目财政管理暂行办法》的通知（财金〔2016〕92 号）	PPP 项目执行过程中形成的负债，属于项目公司的债务，由项目公司独立承担偿付义务。项目期满移交时，项目公司的债务不得移交给政府。

根据上表相关规定，PPP 项目移交的内容主要包括但不限于：与项目有关的动产（不包括现金及银行存款）、不动产、土地使用权、人员、知识产权以及相关资料、文件、许可等。另外需要注意是，PPP 项目合同通常会约定社会资本方在期满终止移交时，应不存在债务或有债务等权利瑕疵，不得设置任何抵押、质押等担保及其他第三人权利，但是，在项目提前终止的情形下，双方应就上述权利瑕疵、担保或第三人权利的处理进行协商解决。

2. 项目移交的其他内容

（1）项目相关合同的转让

根据我国《合同法》第八十八条的规定，“当事人一方经对方同意，可以将自己在合同中的权利和义务一并转让给第三人”。

在移交时，社会资本方在项目建设和运营阶段签订的一系列重要合同可能仍然需要继续履行，因此可能需要将这些尚未履行完毕的合同由社会资本方转让给政府或政府指定的其他机构。为能够履行上述义务，社会资本方应在签署这些合同时即与相关合同方（如承包商或运营商）明确约定，在项目移交时同意社会资本方将所涉合同转让给政府或政府指定的其他机构。实践中，可转让的合同可能包括项目的工程承包合同、运营服务合同、原料供应合同、产品或服务购买合同、融资租赁合同、保险合同以及租赁合同等。

（2）技术转让

在一些对于项目实施专业性要求较高的 PPP 项目中，可能需要使用第三方的技术（包括通过技术转让或技术许可的方式从第三方取得的技术）。在此情况下，政府需要确保在项目移交之后不会因为继续使用这些技术而被任何第三方进行侵权索赔。

鉴于此，PPP 项目合同中通常会约定，社会资本方应在移交时将项目运营和维护所需要的所有技术，全部移交给政府或政府指定的其他机构，并确保政府或政府指定的其他机构不会因使用这些技术而遭受任何侵权索赔。如果有关技术为第三方所有，社会资本方应在与第三方签署技术授权合同时即与第三方明确约定，同意社会资本方在项目移交时将技术授权合同转让给政府或政府指定的其他机构。此外，PPP 项目合同中通常还会约定，如果这些技术的使用权在移交日前已期满，社会资本方有义务协助政府取得这些技术的使用权。

（三）移交的方式

1. 移交的方式

根据移交后项目公司是否存续，PPP 项目合同会约定采取资产移交或股权移交的方式以及相关费用的承担主体，即项目公司向政府移交 PPP 项目相关资产而后解散，或项目公司中社会资本方股东向政府方转让持有的项目公司全部股权，而项目公司依然存续。

2. 移交时的补偿方式

PPP 项目合同会约定移交时采取无偿或有偿的方式，由于大部分 PPP 项目在合作期内社会资本方可以收回投资成本并取得预期合理回报，因此通常期满终止移交为无偿移交，而有偿移交要针对提前终止时的移交，对应的补偿方案在提前终止的相关条款中予以约定。

（四）移交的条件和标准

项目合同指南规定："项目移交时项目设施应符合双方约定的技术、安全和环保标准，并处于良好的运营状况。"为了确保回收的项目符合政府的预期，PPP项目合同中通常会明确约定项目移交的条件和标准。特别是在项目移交后政府还将自行或者另行选择第三方继续运营该项目的情形下，移交的条件和标准更为重要。

实践中，部分PPP项目合同中会在项目合作期满移交时设置缺陷责任期，时长为一至三年不等，要求社会资本方负有对项目设施的维修义务，确保项目设施的运营状况良好。我们认为，该种缺陷责任期的设置并不合理。

首先，项目移交时的缺陷责任期应不同于项目建设工程的保修期。根据《建设工程质量管理条例》第三十九条规定"建设工程承包单位在向建设单位提交工程竣工验收报告时，应当向建设单位出具质量保修书。质量保修书中应当明确建设工程的保修范围、保修期限和保修责任等"，在新建工程竣工后设置保修期的主要目的是，对于在竣工验收时未被发现而在竣工验收后一段时间内可能出现的质量瑕疵，约定施工单位负有维修和缺陷纠正的义务。而PPP项目在合作期满移交时，项目设施已经过十年或数十年的使用和磨损，部分设施甚至已过了正常的使用年限，在移交后出现故障属于正常情况，不应延长社会资本方承担维修义务的期限。

其次，项目设施的运营效果除了项目设施的建设质量外，与运营主体的运营和维护的管理能力密切相关。如果项目设施在移交后，因政府方或政府指定的第三方自身运营和维护管理能力不足而导致项目设施出现故障，此时再要求社会资本方承担缺陷纠正义务的，对于社会资本方而言更是显失公平。

基于公平兼顾效率的考虑，我们建议将项目移交的缺陷责任期从项目结束后前置到项目运营期间，包括：

（1）在运营期间，严格根据绩效考核体系加强对社会资本方的监管，定期对项目设施的维护情况、项目的运营状态进行检查；

（2）在项目运营期结束前一到三年，政府方即安排拟接管项目的人员接受社会资本方的培训，参与项目设施的运营和维护，以保证运营和维护的持续性。

（五）移交的程序

PPP 项目移交程序一般始于移交前的过渡期，PPP 项目合同通常会约定过渡期时长为运营期的最后一年至移交日止。在这个过渡期内，通常会由政府方和社会资本方共同成立项目移交委员会，由移交委员会负责制定移交方案，编制移交清单等。

在 PPP 项目移交前，通常需要对项目的资产状况进行评估并对项目状况能否达到合同约定的移交条件和标准进行测试。实践中，上述评估和测试工作通常由政府方委托的独立专家或者由政府方和社会资本方共同组成的移交工作组负责。经评估和测试，项目状况不符合约定的移交条件和标准的，PPP 项目合同通常会约定政府方有权要求社会资本方对项目设施进行相应的恢复性修理、更新重置，甚至有权直接提取移交维修保函。

PPP 项目合同会同时约定移交时涉及的资产转移、合同转让等手续的办理以及相关费用的承担主体。

（六）移交的风险分配

《合同法》第一百四十二条规定，“标的物毁损、灭失的风险，在标的物交付之前由出卖人承担，交付之后由买受人承担，但法律另有规定或者当事人另有约定的除外”。第一百四十三条规定“因买受人的原因致使标的物不能按照约定的期限交付的，买受人应当自违反约定之日起承担标的物毁损、灭失的风险”。和第一百四十六条规定“出卖人按照约定或者依照本法第一百四十一条第二款第二项的规定将标的物置于交付地点，买受人违反约定没有收取的，标的物毁损、灭失的风险自违反约定之日起由买受人承担”。根据以上几项条款的规定，PPP 项目合同通常会约定，项目资产移交前的风险由社会资本方承担，项目移交后的风险由政府方承担，而如双方在约定的日期未能完成项目移交的，则风险由导致不能如期完成移交的一方承担。

（七）移交的税费

目前，笔者所见的 PPP 项目合同一般约定，移交产生相关税费的，由双方各自承担。PPP 项目一般会采用期末无偿移交项目资产的方式，而且依据《企业会计准则解释第 2 号》，已假定所有资产作为无形资产已经在合作期内摊销完毕，即资产的账面价值为零。但是，会计法与税法之间仍然存在差异，如社会资本方作为项目设施所有权人，在权属变更及移交时，是否需要按照“销售不动产”税目或其他税目缴纳增值税，以及如何计税等问题还有待进一步明确。

第十五章　国外 PPP 法律体系框架与英国标准化 PF2 合同简介

《PPP 项目合同指南（试行）》中“编制说明”提到，“结合国内外 PPP 实践，编制本指南”，《政府和社会资本合作项目通用合同指南（2014 年版）》中“编制原则”也提到，“强调国际经验与国内实践相结合”。

在这一章中，我们选择了英国、澳大利亚、法国、日本和新加坡，就其推行 PPP 的法律体系框架、其所采取的如标准化合同、政策与指南、立法、手册等典型的手段进行概览式介绍，希望读者能对他山之玉有远观见廓之效，其中，本章将重点介绍英国标准化 PF2 合同，包括适用范围、合同宗旨、改进措施、合同内容结构、强制适用条款和推荐适用条款，以便使读者进一步了解英国 PF2 合同和 PF2 模式。

一、国外 PPP 法律体系和框架

比较英国、澳大利亚、法国、日本和新加坡，发现各国在 PPP 的法律和政策的顶层设计不尽相同，其中，英国、澳大利亚和新加坡并无立法，而是通过标准化合同、政策、指南或手册等形式规范和推动 PPP 项目的实施；法国通过立法对 PPP 和特许经营两条线并行推动；日本则基本沿用了英国的顶层设计结构，同时进行了立法，并结合政策、指南和标准化合同等多种方式规范和推动 PPP 项目的实施。

国家	主要法律 / 规范性文件
英国	《PPP 新模式》 《标准化 PF2 合同》 《PPP 融资指南（系列）》 《PPP 项目管理指南》 《PPP 项目合资指南》 《竞争性磋商指南》 《物有所值指南》
澳大利亚	《国家 PPP 政策框架》 《国家 PPP 指南——概览》 《国家 PPP 指南之一——采购方式分析》 《国家 PPP 指南之二——实施指南》 《国家 PPP 指南之三——社会基础设施的商业原则》 《国家 PPP 指南之四——公共部门比较值指引》 《国家 PPP 指南之五——折现率方法指引》 《国家 PPP 指南之六——各州和领地司法要求》 《国家 PPP 指南之七——经济基础设施的商业原则》
法国	《PPP 合同法》 《特许经营合同法》
日本	《PFI 促进法》 《PFI 实施基本政策》 《采购过程指南》 《风险分配指南》 《物有所值指南》 《合同指南》 《监督指南》 《特许经营指南》 《标准化 PFI 合同（公共设施维修保养服务类）》
新加坡	《PPP 手册》

二、英国标准化PF2合同

英国自1992年开启PPP模式PFI（Private Finance Initiative，社会资本融资计划），并于1999年颁布了《标准化PFI合同》（第一版），后又于2002、2004和2007年进行修改。在系统评估了PFI模式后，英国政府又于2012年颁布了《PPP新模式》（A new approach to public private partnerships）和《标准化PF2合同》（Standardisation of PF2 Contracts-Draft，以下简称“PF2合同”）。PF2模式承继了PFI模式在基础设施和公共服务领域的优点，同时致力于消除浪费、改进效率、提升透明度，从而更好地保护公众利益和激励社会资本。

（一）适用范围

PF2合同适用于政府付费、固定资产总投资5000万英镑以上的项目。且根据对PF2合同其他相关条款的分析，PF2合同仅适用于如维护、能源管理、全生命周期下的更新等“硬服务”，原则上不适用于如清洁、餐饮服务、安保、合同管理、保险服务、接待等“软服务”。

（二）PF2合同的宗旨

PF2合同的主要宗旨包括:（1）明确政府和社会资本方之间合理分担风险，促进市场对于PF2新模式的一致性理解;（2）区分PF2合同条款为“强制适用条款”（Required drafting，不允许修改）和“推荐适用条款”（Suitable drafting，为适应不同行业，可以此为基础进行修改）;（3）扩大合同标准化范围，如后续将发布标准化服务产出模版、格式化付款机制以及新的PPP股东协议等;（4）建立标准化的程序，提高合同当事人的谈判效率，减少PPP项目采购的时间和成本。

（三）改进措施

相比PFI，PF2合同充分体现了PF2模式在政府参股、提升透明度、提升灵活性、合理分配风险和实现物有所值等方面的改进措施，主要包括：

1. 政府参股

为加强公私合作关系，PF2 合同规定英国政府将以小股东身份参与 PPP 项目的投资。英国政府在财政部下设一个新的政府机构（Central Government Unit，以下简称“CGU”）统一履行政府出资人职能，其独立于项目采购人，享有与社会资本方相同或相似的权利，通过股东协议明晰双方的权利义务，通过向项目公司委派董事实现对项目公司的管理。PF2 合同同时规定：（1）CGU 仅作为小股东，其参股比例应经专业评估后确定在 30%—49% 之间（CGU 享有保留不予出资的权利）；（2）股权价格应通过充分市场竞争后确定；（3）项目采购人不得向 PF2 项目注资。

2. 提升透明度

为提升项目执行的透明度，PF2 合同分别规定了社会资本方和政府方应落实的措施，要求社会资本方：（1）提供建设和运营手册、定期的服务绩效报告；（2）公开运营成本、管理费用和其他开支；（3）每半年提供实际的和预计的内部收益率数据和股权信息；（4）提供股东股权和股权价格信息。要求政府方：（1）通过财政部官网公布项目审批进度；（2）每年公布所有政府参股项目的项目信息和财务数据；同时允许项目采购人以观察员的身份列席项目公司董事会。

3. 提升灵活性

PF2 合同规定：（1）社会资本方应专注于提供长期运营和资产的重大维修保养服务，而政府应负责如清洁、餐饮、安保等“软服务”（Soft Service）的供给；（2）就资产相关的附属性的维护服务，社会资本方应明确报价，政府基于物有所值评价决定纳入 PF2 合同范围或自身负责该类服务的供给；（3）政府应与社会资本方共同开展年度绩效评价，检查服务质量并寻求服务改进的空间；（4）政府应每五年组织项目生命周期评估。

4. 合理分配风险

为进一步改进物有所值，政府应：（1）承担在运营期因不可预见的法律变更而导致资本性支出增加的风险；（2）就向社会资本方移交的资产出具完好性证明，就资产污染和土壤状况提供由咨询机构出具的报告；（3）主要承担保险费增加的风险。

5. 实现物有所值

PF2合同通过引入政府参股项目公司、在采购前组织市场测试以改进项目采购、强制性采用项目实施计划表并积极引入“精益化采购”（Lean Procurement）方法、开发新的物有所值方法，修订物有所值指南。

（四）PF2合同结构和内容

PF2合同共400页，包括正文和5个附录，其中正文共12篇34章230节。

1. 第一篇“简介（Introduction）”，介绍了PF2合同作为英国政府推动PPP模式的新方式，相较于PFI的改进措施和PF2合同的宗旨。

2. 第二篇“保证和标准化（Assurance and Standardisation）”，提出了PF2合同的应用和实施的要求，核心要求为原则上不得修改“强制适用”（Required Drafting）条款；同时指出专业咨询机构或咨询人员对于PF2项目成功实施的必要性。

3. 第三篇“构建合同结构（Structuring the Contract）”，包括第三章“期限（Duration）”和第四章“土地、设备和财产权益（Land，Equipment and Property Interest）”两章。

（1）第三章“期限”，规定PF2合同中必须确定期限、明确服务开始日期以区别于合同签署日期，提出了确定期限应考虑的因素。同时要求期限的确定应始终体现物有所值的原则，且最短不少于10年。

（2）第四章“土地、设备和财产权益”，规定了土地、设备等财产的权属转移、采购和处置的原则；指出了英国《资本减免法》（Capital Allowance Act，2001）对PF2合同执行中与土地、设备权属相关的财务、税收处理的要求。

4. 第四篇“公共部门权益和合资（Public Sector Equity and Joint Ventures）”，包括第五章“公共部门权益（Public Sector Equity）”和第六章“股权变更（Change in Ownership）”两章。

（1）第五章“公共部门权益”，介绍了政府参股项目公司的必要性和附加收益；对政府参股项目公司在具体实施时的参股主体、参股比例和其他资金方的关系、股东协议、项目公司管理、股息和知情权、股东违约和终止、公司备忘录和公司章程等作了原则性规定。

（2）第六章“股权变更”，规定了项目公司股权变更的原则，包括：股权变更的定义和范围、政府方和社会资本方在股东变更方面的考虑因素、股权变更的合理限制、可予以突破的特殊情形以及股权变更的违约后果。

5. 第五篇“服务（Services）”，包括第七章“服务和服务开始（Services and Services Commencement）”、第八章“服务开始的延误（Late Service Commen-cement）”、第九章“设施管理维修服务（Hard FM Maintenance Services）”及第十章“到期与终止调查（Surveys on Expiry and Termination）”共四章内容。

（1）第七章“服务和服务开始”，明确规定了PF2合同中服务的范围、社会资本方的责任、政府方在合同签署前和合同签署后服务开始前的责任；原则性规定了在约定的关键日期不能开始服务时，政府方可采取的付款扣减机制、应急方案、违约终止等的措施；提出了社会资本方向政府方提交设计和相关信息、实施质量管理体系的要求；确定了在建设和开发期、完工移交期内政府方和社会资本方的权利义务；具体规定了新建项目移交、验收和服务开始，存量资产移交交接，以及与需政府方提供的相关配套设施和服务的连接等各项要求；明确提出了政府方和社会资本方共同对合同绩效和效率进行年度评审、社会资本方持续改进的要求；提出了政府方场地出入权、项目保险、争议解决、在合同签署前提前工作协议，以及政府方对于项目公司在员工招聘与技能、平等性对待方面和在分包商的监督、更换和控制方面的要求。

（2）第八章“服务开始的延误”，规定了政府方为防止延误可采取的保障措施、确定保障措施的原则及需考虑的因素；同时规定了接受提前开始服务的原则和接受提前开始服务时的奖励措施。

（3）第九章“设施管理维修服务”，规定了社会资本方实施维修保养和保证所需资金的义务；规定了因加速维护导致成本增加时的补偿原则和延迟维护导致成本降低时的节约分享原则；同时明确了在中期评估时对于维修服务评审的要求、在合同结束前对于资产移交调查的要求。

（4）第十章“到期与终止调查”，规定了在合同结束时资产移交的调查原则和社会资本方提供保证金、移交维修保函的要求；同时分别明确了资产无偿移交和有偿移交时的调查目的和调查要求。

6. 第六篇“服务和文档的变更（Change to Service and to Documents）”，包括第十一章“灵活性与变更（Flexibility and Change）”和第十二章“文档变更（Changes to Documents）”两章。

（1）第十一章“灵活性与变更”，对于可预见的和不可预见的服务变更的处理方式，根据变更的原因、发生的阶段、涉及的金额、变更的影响、变更的类型分别作了原则性规定；同时对于服务变更的程序，包括通知和说明、社会资本方预估、政府方批准、社会资本方执行变更、投融资与付款原则、尽职调查、文档记录和监测作了具体规定；并对于在履行服务变更程序时的定价的透明性和物有所值评价提出了具体要求。

（2）第十二章“文档变更”，对项目分包协议和融资协议的变更做了原则性规定。

7. 第七篇“风险分配原则（Risk Allocation Principles）”，包括第十三章“承诺与保证（Warranties and Undertakings）”、第十四章“赔偿、担保和违约索赔（Indemnities，Guarantees and Contractual Claims）”、第十五章“意外事件（Supervening Events）”、第十六章“法律变更（Change in Law）”、第十七章“保险（Insurance）”和第十八章“政府方介入（Authority Step-in）”六章。

（1）第十三章“承诺与保证”，要求合同中明确约定当政府方提供的信息不准确时的风险承担责任，和当政府向社会资本方移交的资产存在潜在缺陷时的风险承担责任；要求政府方应谨慎作出承诺和保证，社会资本方应至少作出关于公司履约能力和税务合规的承诺和保证。

（2）第十四章“赔偿、担保和违约索赔”，要求在合同中约定当社会资本方因运营而造成政府方损害时（包括人员伤亡、财产损失、第三方索赔和违反法定性义务四类）应承担的赔偿责任；规定了政府方要求社会资本方提供的增信担保措施的原则、政府方和社会资本方违约时的索赔机制；同时要求政府方注重绩效付费中违约扣款的设置。

（3）第十五章“意外事件”，提出了社会资本方可被免除违约责任的“意外事件”（Supervening Events），包括可补偿事件（Compensation Events）、可救济事件（Relief Events）和不可抗力事件（Force Majeure Events）三类；同时分别规定了可补偿事件的目的和范围、后果和补偿计算原则，可救济事件的目的、范围、后果和保险，以及不可抗力事件的范围、后果及保险要求。

（4）第十六章“法律变更”，规定了法律变更的定义，分别规定了针对特定社会资本方或项目的法律变更（Discriminatory Change in Law）、针对社会资本方所提供服务之同类服务的法律变更（Specific Change in Law）和普遍适用的法律变更（General Change in Law）的风险分配原则；同时规定了增值税税率调整和增值税适用范围调整时的风险分配原则。

（5）第十七章“保险”，规定了明确保险计划为政府方的义务、因保险金额调整造成保费增加或减少的分担分享原则、保费定期评审原则；规定了在保险事故发生后的资产重置、保险要求变更、保险赔偿金使用的原则；同时规定了保险险种取消、保险标的物的条件和状况发生变化时的处理原则。

（6）第十八章“政府方介入”，分别规定了在社会资本方违约和未违约两种情形下，政府方行使介入权的原则和费用承担原则；明确了行使介入权时政府方和社会资本方的权利和义务。

8. 第八篇"服务付费（Paying for Services）"，包括第十九章"价格与付款、可用性和绩效机制（Price and Payment，Availability and Performance Mechanism）"、第二十章"付费机制与监督（Payment Mechanism and Monitoring）"、第二十一章"出资（Capital Contribution）"和第二十二章"抵扣与增值税（Set Off and VAT）"共四章的内容。

（1）第十九章"价格与付款、可用性和绩效机制"，明确规定了付费机制设置的核心要点，包括对于基于使用量付费、可用性付费和绩效考核付费机制在标准设置、纠正措施和付费扣减方面的具体要求；规定了政府方要求的变更（包括服务变更和增加额外投资要求）、能源成本增加、通货膨胀时的付费调整原则；同时规定政府方应保证付款及时性的义务。

（2）第二十章"付费机制与监督"，要求在合同中应明确基于绩效考核的付费监督机制，形成社会资本方通过质量管理体系实现自我约束、政府方监督、终端用户缺陷报告和使用者满意度调查的监督体系。

（3）第二十一章"出资"，对于政府出资额、出资阶段及与政府出资相关的问题作了原则性规定。

（4）第二十二章"抵扣与增值税"，分别规定了在政府方超额付款、社会资本方支付损害赔偿金、社会资本方支付违约金时的付费抵扣原则和相关增值税问题处理的原则。

9. 第九篇"终止（Termination）"，包括第二十三章"提前终止（Early Termination）"、第二十四章"提前终止补偿的计算与支付（Calculation and Payment of Early Termination Payments）"和第二十五章"终止与到期后资产处置（Treatment of Assets on Termination and Expiry）"三章。

（1）第二十三章"提前终止"，规定了导致提前终止的情形、提前终止的程序和补偿的原则，以及在社会资本方违约时由融资方行使介入权的原则。

（2）第二十四章"提前终止补偿的计算与支付"，规定了提前终止时补偿金额的计算原则、补偿费与社会资本方负债的抵扣原则和补偿支付方式。

（3）第二十五章"终止与到期后资产处置"，规定了在合同中应明确合同终止与到期后资产移交的方式、移交的标准和移交的条件。

10. 第十篇“融资（Finance）”，包括第二十六章“直接介入协议（Funders' Direct Agreement）”、第二十七章“分包商与融资方的尽职调查（Due Diligence over Subcontractors and Financing Documents）”、第二十八章“再融资（Refinancing）”、第二十九章“债券融资（Bond Finance）”和第三十章“公司融资（Corporate Finance）”共五章的内容。

（1）第二十六章“直接介入协议”，要求在合同中应约定政府方允许融资方行使介入权的开始及持续时间、限度和程序、融资方拥有的权利。

（2）第二十七章“分包商与融资协议的尽职调查”，规定了政府方对于分包商和融资协议进行尽职调查的义务。

（3）第二十八章“再融资”，分别规定了再融资应经过政府方书面同意和无需经政府方同意的情形；并规定了再融资所节省财务费用的计算与分享机制和政府方的审计权利。

（4）第二十九章“债券融资”，明确了在发行项目债券作为融资手段时，标准合同条款应作的具体调整。

（5）第三十章“公司融资”，分别规定了公司融资（Corporate Finance）和项目融资（Project Finance）的适用情形；规定采取公司融资方式，对于社会资本方招选、融资建议评估和标准合同条款修订的要求。

11. 第十一篇“透明性和信息（Transparency and Information）”，明确了保证透明性为PF2合同的核心原则，要求政府方应公开项目信息、项目决策审批进度和项目合同，社会资本方应公开项目执行信息；并规定了信息发布、信息保密、涉及商业敏感信息时的处理原则；同时要求信息的公开和使用应满足信息自由法（The Freedom of Information Act 2000）和信息保护法（Data Protection Act 1998）。

12. 第十二篇“其他（Ancillary）”，包括第三十二章“权利义务转让（Assignment）”、第三十三章“知识产权（Intellectual Property Rights）”和

第三十四章“争议解决（Dispute Resolution）”三章。

（1）第三十二章“权利义务让与”，分别规定了社会资本方、政府方、融资方转让权利和义务的限制条件。

（2）第三十三章“知识产权”，规定了项目执行期间涉及的知识产权的定义、权属、授权使用、侵权和在合同到期与终止后的知识产权权属和使用的原则。

（3）第三十四章“争议解决”，规定在合同中应明确争议解决程序，并规定存在分包商争议时的共同诉讼、诉讼引起延误时的处理原则。

13. 附录包括定义和解释（Definition and Interpretation）、市场测试和基准（Market Testing and Benchmarking）、服务产出说明（Service Output Specification）股东协议（Shareholders' Agreement）和形式付款机制（Pro Forma Payment Mechanism）5 个附录，其中服务产出说明、股东协议和形式付款机制 3 个附录为空白，将另行编制。

（五）PF2 合同中“强制适用”和“推荐适用”条款

PF2 合同提供了 64 条“强制适用”（Required Drafting）和 32 条“推荐适用”（Suitable Drafting or Recommended Drafting）的标准化格式的合同条款文本。同时规定除非遇大型、复杂项目等特殊情况外，原则上不得修改“强制适用条款”，如确需修改的，项目采购人应先征询财政部意见并取得财政部的批准。

“强制适用”条款和“推荐适用”条款在各章的分布如下表所示。

章	强制适用条款	推荐适用条款
3. 期限	3.2.4 合同期限	无
6. 所有权变更	6.1.2 所有权信息 6.1.3 所有权变更定义 6.4.3 所有权变更 6.4.7 限制股权转让	无

续表

章	强制适用条款	推荐适用条款
7. 服务与服务开始	无	7.1.8 政府方服务 7.8.1 检查 7.8.2 移交发生日 7.8.3 服务开始日 7.8.4 独立认证人 7.8.5 颁发验收证明或未完工通知 7.8.6 未完工通知 7.8.7 颁发验收证明的效力 7.8.8 整改观察项目 7.8.9 软服务的配套 7.11.4 政府方和社会资本方服务接收 7.11.8 政府方未能提供服务 7.18 年度合同评审 7.19 持续改进和效率评审 7.23 员工和技能 7.24 种族歧视和种族平等
9. 维修保养服务	9.1.4 维修保养 9.5.2 调查	9.1.5 推迟维修保养 9.2.10 生命周期档案和费用
10. 到期和终止调查	10.5 到期调查	无
12. 文档变更	12.1.1 项目文档和初始融资协议交付 12.1.2 项目文档变更 12.1.3 融资协议变更 12.2 项目文档或融资协议变更的责任	无
13. 承诺和保证	13.4 政府方承诺	无
14. 赔偿	无	14.3 赔偿
15. 意外事件	15.2 因可补偿事件导致的服务延误	无
16. 法律变更	16.2 法律变更 16.5.1 歧视性或针对性法律的变更 16.5.2 一般法律的变更 16.6.8 法律变更的风险分配	16.8 不可抵扣增值税的支付
17. 保险	17.5 资产恢复 17.6 经济性测试 17.8 保费变化风险分配 17.9.3 不可投保 17.9.10 不可投保的风险 17.10 保险条件变化	17.2 保险

续表

章	强制适用条款	推荐适用条款
18. 政府方介入	18.2 政府方介入 18.4 社会资本方违约时的介入 18.5.3 检查的权利 18.5.4 设施的检查 18.5.5 社会资本方的协助义务 18.5.6 社会资本方违反维修保养协议时的介入权 18.5.7 健康安全要求 18.5.8 损害	无
19. 价格和付款、可用性和绩效付费机制	19.10 付费 19.11 指数调整	19.12 付费机制
20. 付费机制和监督	无	20.7 客户满意度调查
21. 出资	21.3 出资	无
22. 增值税	22.4 增值税	22.3 抵扣
23. 提前终止	23.1.2 政府方违约导致提前终止 23.1.3 政府方违约导致提前终止时的补偿 23.2.2 社会资本方违约导致提前终止 23.2.3 社会资本方持续违约 23.2.4 补救措施 23.2.7 重新招标 23.2.8 重新招标程序 23.2.9 不招标程序 23.3.1 因不可抗力导致的终止 23.3.2 因不可抗力导致的终止时的补偿 23.4.2 贿赂和欺诈 23.4.3 因贿赂和欺诈导致的终止 23.4.4 因贿赂和欺诈导致的终止时的补偿 23.5.1 政府方选择的终止 23.5.2 政府方选择的终止的补偿 23.6.1 因政府方违反再融资协议导致的终止 23.6.2 因政府方违反再融资协议导致的终止时的补偿	23.5.4 违反政府方约定日期而导致的终止 23.5.5 违反政府方约定日期而导致的终止的补偿

续表

章	强制适用条款	推荐适用条款
24. 提前终止补偿的计算与支付	24.4 终止时抵扣 24.5 支付方式 24.7.2 补救措施排他性	无
25. 资产处置	无	25.2 合同到期资产处置 25.5 可再利用的资产处置
26. 直接介入协议	26.6 融资方直接介入协议	26.7 在直接介入协议下的政府方权利
29. 再融资	28.8 再融资规定	无
29. 债券融资	29.3.5 债券融资的规定	无
30. 公司融资	30.5.5 公司融资条款的调整	无
31. 透明度和信息披露	31.2 社会资本方记录和信息报告 31.9 保密性	31.3 个人信息 31.4 公众关系和报告发布 31.10 信息的获取
32. 权利义务让与	32.3 政府转让的限制	无
34. 争议解决	34.2 争议解决	无

三、澳大利亚 PPP 政策和指南

澳大利亚自 20 世纪 80 年代开始引入 PPP 模式，未制定专门的 PPP 法律，澳大利亚基础设施部于 2008 年颁布了统一的国家政策与 7 个指南，推动并规范 PPP 项目在全国、各州和领地的实施。

（一）适用范围

上述政策和指南可适用于政府付费的 PPP 项目，也可适用于使用者付费的 PPP 项目，国家政策规定原则上固定资产总投资 5000 万澳元以上的项目才进行 PPP 采购方式分析。

（二）国家 PPP 指南系列

对于具备 PPP 模式特性的基础设施类项目，《国家 PPP 指南之一——

采购方式分析》（Procurement Options Analysis Guideline）要求 PPP 采购方式应与传统采购方式进行充分比较后择优选择，并规定将 PPP 项目的决策过程分为投资决策与采购决策两个独立的阶段，前者确定项目的边界条件和可行性，后者基于采购方式分析确定 PPP 模式在投资与运行费用、工期、服务质量、运营管理、服务效率和风险分担等方面是否优于传统采购方式，同时明确在比较时应对公共部门比较值（Public Sector Comparator）进行详细的财务测算。

为 PPP 项目实施机构提供统一的指引，《国家 PPP 指南之二——实施指南》（Practitioners' Guide）规定了从 PPP 项目投资采购决策、项目准备、资格预审、项目采购、合同谈判、合同管理到合同结束等 PPP 项目各阶段的实施要求，同时总结了各阶段出现的典型问题和相应的解决方案；《国家 PPP 指南之四——公共部门比较值指引》（Public Sector Comparator Guidance）明确了公共部门比较值的测算方法并结合实际案例给予指引。同时，为更好地实现物有所值评价，《国家 PPP 指南之五——折现率方法指引》（Discount Rate Methodology Guidance）规定了用于测算公共部门比较值和 PPP 值时的折现率的取值方法和依据。

对于政府基于项目设施或服务的可用性付费、项目合同到期后资产无偿移交给政府的 PPP 项目和由社会资本方承担项目需求风险、直接向最终消费用户或第三方收费的使用者付费 PPP 项目，《国家 PPP 指南之三——社会基础设施的商业原则》（Commercial Principles for Social Infrastructure）和《国家 PPP 指南之七——经济基础设施的商业原则》（Commercial Principles for Economic Infrastructure）分别规定了具体的实施原则。

在国家 PPP 指南基础上，各州和领地可因地制宜编制适用于本州和领地的指南，《国家 PPP 指南之六——各州和领地司法要求》总结了各州和领地在实施 PPP 项目时的特别要求。

四、法国 PPP 立法

法国自1988年引入了政府付费的PPP模式，并在2004年颁布了《PPP合同行政法规》，在2008年颁布了《PPP合同法》(Contrat de Partenariat，以下统称“PPP合同法”)。而使用者付费的特许经营模式在1993年颁布的《经济活动和公共程序中预防腐败和透明法》、2009年颁布的《基础设施特许经营行政法规》和2016年颁布的《特许经营合同行政法规》(Contrat de Concession，以下统称“特许经营法”)予以规定。PPP合同法和特许经营法共同构成了法国PPP的主要法律体系。

(一)适用范围

PPP合同法和特许经营法两者根据付费机制区分适用，其中PPP合同法适用于政府付费的项目，而特许经营法适用于使用者付费的项目。

PPP合同法规定在决定采取PPP方式前，政府应组织开展详细的评估，仅三类政府付费的项目适用PPP合同方式，包括：(1)项目复杂，政府不具备满足项目产出标准的技术能力或不具备融资、法律能力；(2)项目涉及紧急事项，如工期延误致使公共利益遭受损害、基础设施交付或公共服务质量遭受影响，出现不可预见的紧急情况；(3)根据项目特点，相比传统的政府采购方式，更能实现物有所值的。

(二)PPP合同法要点

PPP合同法共3章30节。

(1)法律关系属性：明确定性政府和社会资本方之间构成行政法律关系；

(2)合作范围：规定项目合作范围包括设计、建设、融资、运营和维护，并且社会资本方必须承担项目运营的责任；

(3)合作期限：一般为20—30年，具体根据资产寿命和融资要求确定；

（4）社会资本方的采购：PPP 合同法采取了负面清单的方式，规定如过去五年内有违法犯罪记录、正在司法重组、破产清算等 5 类企业不得参与；明确上述可适用 PPP 合同方式的三类政府付费项目中第一类可采取竞争性谈判或竞争性磋商方式，而第二类和第三类必须通过公开招标方式确定社会资本方；

（5）资产权属：对于项目合同范围内的土地、设备和资产，PPP 合同法规定政府享有所有权，社会资本方享有在合同期内的财产权，合同期结束后无偿移交给政府。

五、日本 PFI 立法

日本在 20 世纪 90 年代学习英国经验，并于 1999 年颁布了《利用民间资本促进公共设施等整备相关法》（Act on Promotion of Private Finance Initiatives，以下简称“PFI 促进法”），全文共 7 章 23 款，后历经 2001、2005、2011、2013 和 2015 年等五次修改。

在传统的 PFI 模式下，日本主要采取建设—移交—运营（BTO）模式和政府基于可用性付费机制，并且政府可按综合单价或建设、融资、运营、维护内容等分别核算服务费；项目合同期限为 15—30 年，最长不超过 30 年。

在 2011 年 PFI 促进法修改时，引入了特许经营和使用者付费机制。在特许经营模式下，政府可授权社会资本方运营存量基础设施，并向使用者直接收费，但仅限于存量基础设施的运营和维护以及为正常提供公共服务所需的扩建和改造，不包括新建工程及存量基础设施的拆除和重建，合同期限可不受 30 年的限制。

六、新加坡 PPP 手册

新加坡尚未制定专门的 PPP 法律，也未编制标准化的合同，财政部于

2004年颁布了《PPP手册》(PPP handbook),后于2012年进行修改,其规定了PPP模式交易结构、采购流程和管理有关的原则和指导方针。新加坡沿用了英国PFI模式,采用政府付费机制。一般固定资产总投资5000万新元以上的项目,新加坡会考虑是否采取PPP方式进行建设。

新加坡主要采取设计—建设—拥有—运营("DBOO")模式、设计—建设—融资—运营模式("DBFO")两种典型的PPP交易结构,合同期限一般为15—30年,社会资本方可不必承担所有的运营服务责任,而可仅提供其自身具有核心竞争力、更高效的服务。

另外,与日本PFI立法不同,新加坡《PPP手册》明确政府采购的应为终端服务,应尽可能以综合单价核算服务费,并根据服务的可用性、服务质量和使用量付费;政府不应在服务尚未交付前付费,不应基于项目建设成本、材料成本、人工成本等独立核算服务费,也不应将服务拆分为不同部分而分别付费。

第十六章　地下综合管廊 PPP 项目合同分享

本章将针对本所参与的全国首批地下综合管廊试点城市的综合管廊 PPP 项目合同中的设计亮点进行解析和分享。

一、关于综合管廊试点城市专项财政补助在 PPP 项目中的补贴方式的约定

文件名称	相关规定
《财政部关于开展中央财政支持地下综合管廊试点工作的通知》（财建［2014］839 号）	中央财政对地下综合管廊试点城市给予专项资金补助，一定三年，具体补助数额按城市规模分档确定，直辖市每年 5 亿元，省会城市每年 4 亿元，其他城市每年 3 亿元。
《关于在公共服务领域深入推进政府和社会资本合作工作的通知》（财金［2016］90 号）	鼓励各级财政部门因地制宜、主动作为，探索财政资金撬动社会资金和金融资本参与 PPP 项目的有效方式，通过前期费用补助、以奖代补等手段，为项目规范实施营造良好的政策环境。
《PPP 项目合同指南（试行）》	在我国实践中，可行性缺口补助的形式多种多样，具体可能包括土地划拨、投资入股、投资补助、优惠贷款、贷款贴息、放弃分红权、授予项目相关开发收益权等其中的一种或多种。

根据财建［2014］839 号，本项目已申请到地下综合管廊试点城市专项资金补助（以下简称“专项资金补助”）总额为 9 亿元。由于财建［2014］839 号并未就专项资金补助如何使用作具体的规定，参照财金

［2016］90号、PPP项目合同指南等有关规定，在本项目的PPP项目合同中我们设计了一系列条款，根据专项补助资金到位的具体时间，将该补助作为投资补助或运营补助用于不同的项目阶段，一方面减少项目公司总投资，即项目公司（社会资本）自有资金和融资款的使用，从而降低政府在运营期内的政府付费额，一方面直接减轻政府在运营期内的付款压力。每个阶段资金补助使用方式约定如下：

1. 前期工作阶段

由于该阶段中大部分工作由政府方负责完成，因此PPP项目合同中约定可由政府方利用专项资金补助直接承担本项目前期工作的费用支出，不计入项目公司总投资。

2. 建设期阶段

在建设期内项目工程由项目公司发包给施工方完成，工程款均由项目公司支付给施工方，本PPP项目合同中约定可由政府将专项资金补助拨付至项目公司，由项目公司将专项资金补助全款用于工程款的支付。项目竣工结算时将专项资金补助从项目公司总投资中进行扣减，并根据最终的审计决算总投资对可行性缺口补贴进行调整。

3. 运营阶段

在运营期内，专项资金补助用于冲减政府方应支付的可行性缺口补贴。PPP项目合同中约定，在运营期内，政府方根据绩效考核结果最终确定当年的可行性缺口补贴额以后，可安排专项资金补助用于支付全部或部分可行性缺口补贴。

二、项目付费机制的设置

本项目的付费机制为使用者付费+可行性缺口补贴，具体方式确定如下：

（一）投资上限及总投资的确定

根据可研报告，本项目估算总投资为人民币 76.28 亿元。为了控制本项目的投资预算，不突破政府的财政支付能力，在本 PPP 项目合同中约定：本项目以人民币 76.28 亿元作为的投资上限（2016—2020 年），若该投资上限确实无法满足本项目拟建设规模，则须报告政府方调整建设规模。政府方有权决定项目公司应当优先建设的管廊位置和长度，但应结合项目公司提出的合理实施计划意见。

本项目总投资由工程造价和建设工程其他费用组成，其中工程造价根据社会资本投报的工程造价下浮率经审计决算确定，建设工程其他费用以审计为准。

建设期利息在建设期内按年进行支付，因此不计入项目总投资作为可用性付费基数。

（二）可用性付费

1. 可用性付费额的确定

本 PPP 项目合同约定，可用性付费由两个部分组成：融资款本息、自有资金的投资及回报。就融资部分而言仅考虑融资本息，不给予额外的资金回报，资本金部分则区分征地拆迁费用的自有资金回报率和其他自有资金回报率，具体如下：

年度可用性付费 = 每年应付融资本息 + 用于征地拆迁的自有资金按征地拆迁自有资金回报率计算的当年本金和收益 + 其他自有资金按其他自有资金回报率计算的当年本金和收益。（均按 15 年等额年金的方式计算）

2. 可用性付费额的调整

本 PPP 项目合同约定，在运营期内可用性付费额仅根据利率的变化进行调整，调整机制为：若中国人民银行五年期以上贷款基准利率变化累积超过 0.25%（含），则调整幅度以完全能覆盖利息变化额为限，且仅调整可用性付费额中的融资款利息，自有资金回报率不变。

（三）使用者付费的确定

本项目的使用者为供水、给排水、雨水、供热、燃气、通讯、广播电视等入廊管线的管理单位。本项目使用者付费即为地下综合管廊有偿使用费，分为入廊费和运营维护费两部分。

1. 关于地下综合管廊有偿使用费的确定主体

文件名称	相关规定
《国家发展改革委、住房和城乡建设部关于城市地下综合管廊实行有偿使用制度的指导意见》 发改价格［2015］2754 号	城市地下综合管廊有偿使用费标准原则上应由管廊建设运营单位与入廊管线单位协商确定。凡具备协商定价条件的城市地下综合管廊，均应由供需双方按照市场化原则平等协商，签订协议，确定管廊有偿使用费标准及付费方式、计费周期等有关事项。 对暂不具备供需双方协商定价条件的城市地下综合管廊，有偿使用费标准可实行政府定价或政府指导价。实行政府定价或政府指导价的管廊有偿使用费应列入地方定价目录，明确价格管理形式、定价部门。有关地方可根据实际情况，由省级价格主管部门会同住房城乡建设主管部门或省人民政府授权城市人民政府，依法制定有偿使用费标准或政府指导价的基准价、浮动幅度，并规定付费方式、计费周期、定期调整机制等有关事项。

对于发改价格［2015］2745 号文中“具备协商定价条件”和“暂不具备供需双方协商定价条件”的含义目前并没有进一步的解读和明确。结合本项目的实际情况，本 PPP 项目合同约定，对于地下综合管廊有偿使用费中的入廊费实行政府定价，对于地下综合管廊有偿使用费中的运营维护费由社会资本对不同仓位的运营维护费单价进行报价。

2. 本项目入廊费和运营维护费的确定

文件名称	相关规定
《国务院办公厅关于推进城市地下综合管廊建设的指导意见》 国办发［2015］61 号	入廊管线单位应向地下综合管廊建设运营单位交纳入廊费和日常维护费，具体收费标准要统筹考虑建设和运营、成本和收益的关系，由地下综合管廊建设运营单位与入廊管线单位根据市场化原则共同协商确定。入廊费主要根据地下综合管廊本体及附属设施建设成本，以及各入廊管线单独敷设和更新改造成本确定。日常维护费主要根据地下综合管廊本体及附属设施维修、更新等维护成本，以及管线占用地下综合管廊空间比例、对附属设施使用强度等因素合理确定。

续表

文件名称	相关规定
《国家发展改革委、住房和城乡建设部关于城市地下综合管廊实行有偿使用制度的指导意见》发改价格［2015］2754号	城市地下综合管廊有偿使用费包括入廊费和日常维护费。入廊费主要用于弥补管廊建设成本，由入廊管线单位向管廊建设运营单位一次性支付或分期支付。日常维护费主要用于弥补管廊日常维护、管理支出，由入廊管线单位按确定的计费周期向管廊运营单位逐期支付。 1. 入廊费。可考虑以下因素： （1）城市地下综合管廊本体及附属设施的合理建设投资； （2）城市地下综合管廊本体及附属设施建设投资合理回报，原则上参考金融机构长期贷款利率确定（政府财政资金投入形成的资产不计算投资回报）； （3）各入廊管线占用管廊空间的比例； （4）各管线在不进入管廊情况下的单独敷设成本（含道路占用挖掘费，不含管材购置及安装费用，下同）； （5）管廊设计寿命周期内，各管线在不进入管廊情况下所需的重复单独敷设成本； （6）管廊设计寿命周期内，各入廊管线与不进入管廊的情况相比，因管线破损率以及水、热、气等漏损率降低而节省的管线维护和生产经营成本； （7）其他影响因素。 2. 日常维护费。可考虑以下因素： （1）城市地下综合管廊本体及附属设施运行、维护、更新改造等正常成本； （2）城市地下综合管廊运营单位正常管理支出； （3）城市地下综合管廊运营单位合理经营利润，原则上参考当地市政公用行业平均利润率确定； （4）各入廊管线占用管廊空间的比例； （5）各入廊管线对管廊附属设施的使用强度； （6）其他影响因素。

（1）入廊费：由市政府根据各种管线单独敷设成本、断面空间占比、管线敷设长度、合作期更新成本等综合因素测算确定入廊费标准。

（2）运营维护费

①运营维护费的确定

本 PPP 项目合同约定了运营维护费的单价，即社会资本对综合仓年度运营维护费单价、高压仓年度运营维护费单价、燃气仓年度运营维护费单价的投标报价。运营期内年度运营维护费根据各仓室的维护费单价乘以仓室长度来确定年度运营维护费用。

②运营维护费的调整

本PPP项目合同约定，运营维护费每三年调整一次，并经项目主管部门审核审批后执行。运营维护费调整机制：自各子项目运营之日起，若电价、人工成本、居民消费价格指数变化幅度合计超过5%的，项目公司可申请调整运营维护服务费单价。

3. 关于使用者付费收取不足的风险

管廊项目最大的风险就是入廊率不足。虽然国办发［2015］61号规定"已建设地下综合管廊的区域，该区域内的所有管线必须入廊。在地下综合管廊以外的位置新建管线的，规划部门不予许可审批，建设部门不予施工许可审批，市政道路部门不予掘路许可审批。既有管线应根据实际情况逐步有序迁移至地下综合管廊"。但在实际操作中管线单位的入廊工作进展并不顺利，一方面政府执行、管理、监管的各方面力度不够，另一方面主要是管线单位大多为央企，当地政府通常难以协调和管理。因此入廊率不足导致的使用者付费收取不足将是本项目最大的风险之一。

因此，在本PPP项目合同中针对这一问题作如下约定。

（1）已建管廊区域禁止管线单位自行建设管线

在PPP项目合同中政府方承诺：在项目期限内，对项目公司已建设地下管廊的城市道路，除以下情况外，按照管廊专项规划的要求，不再批准管线单位挖掘道路建设管线：

——无法纳入管廊的管线；

——管廊与外部用户的链接管线。

（2）使用者付费不足部分政府方予以补足

入廊费。在PPP项目合同中约定：对于双方在项目合同中约定的"按入廊费标准计算的应收入廊费"，若项目公司实际收取的管线入廊费低于该“按入廊费标准计算的应收入廊费”，则缺口部分的 98% 由政府方承担予以补足的责任，缺口部分的 2% 由项目公司承担；若项目公司实际收取的管线入廊费超过“按入廊费标准计算的应收入廊费”，则相应扣减政府可行性缺口补贴；

运营维护费。在 PPP 项目合同中约定：运营维护费缺口的 98% 由政府方承担予以补足的责任，运营维护费缺口的 2% 由项目公司承担。运营维护费缺口 = 各仓位运营维护费单价 × 各仓位管廊里程 – 项目公司实际收取的运营维护费。

（四）可行性缺口补贴

基于上述使用者付费不足的补贴原则，本项目每年应付的政府可行性缺口补贴 = 年度可用性付费额 – 按入廊费标准计算的应收入廊费 +（按入廊费标准计算的应收入廊费 – 项目公司实际收取的入廊费）× 98%+（各仓位运营维护费单价 × 各仓位管廊里程 – 项目公司实际收取的运营维护费）× 98%。

（五）运营期的绩效考核

本 PPP 项目合同的运营期绩效考核指标除了对项目设施的定期维护、日常巡检、项目设施的运行、资金使用和管理、客户满意度进行设计以外，把项目公司入廊费的收取情况也列入考核范围，以督促项目公司积极完成入廊费的收取工作。另外，绩效考核结果与运营维护费进行挂钩，考核分值 90 分及以上时，按运营维护费全额进行支付，考核分值 90 分以下的，按每低 1 分处以 10 万元违约金，统一在支付可行性缺口补助时一并调整。

三、关于工程变更降低成本的收益分享机制的约定

为鼓励项目公司在保证工程可用性和工程质量的前提下降低建设成

本、提高效率，在本 PPP 项目合同中约定由项目公司提出工程变更降低建设成本时的收益分享机制，以此鼓励项目公司降低成本，具体约定如下：

在建设期内，若项目公司提出工程变更使得本项目工程造价降低，对该变更所带来的直接成本的减少以及对应的收益部分的节省，由政府方和项目公司按照 30%:70% 的比例一次性分享收益，减少部分的 30% 由政府以可行性缺口补贴的方式支付给项目公司。

四、关于项目改扩建的约定

在 PPP 项目合同中通常需要考虑在较长的项目期限内可能面临的项目设施的改造或扩建。由于改扩建和原有 PPP 项目设施存在关联性，为了便于建设、运营和管理，并降低建设和运营的成本，通常继续由 PPP 项目的项目公司负责投建和运营。那么就会涉及项目公司再投资的问题，在签订 PPP 项目合同时就对未来可能预见的投资行为作出原则性的约定，一方面可以保护投资人的利益，另一方面也可以保证建设投资的顺利进行而避免出现扯皮、讨价还价的现象。

因此，在本 PPP 项目合同中对项目公司的再投资回报进行了约定：在项目期限内，就本项目的扩建部分，即自然延伸段，项目公司有义务进行投资建设，双方同时约定了合理的投资收益率。

五、关于交叉施工代建的约定

考虑到地下综合管廊建设的特殊性，可能会与配套道路建设存在交叉施工，为了统筹安排项目工期和施工工作面的障碍，减少政府在施工过程中的协调难度，本 PPP 项目合同中约定：若存在地下综合管廊建设与配套道路建设交叉施工，则由政府方委托项目公司作为配套道路建设的建设期业主代建配套道路。

六、初步设计和施工图设计方案的审定

就综合管廊项目而言因运营期内将由各管线单位具体使用，因此管廊的设计应征求相关管线单位的意见，以满足他们的使用需求和便利。本PPP 项目合同中约定：项目公司应根据适用法律的规定委托具有专业资质的设计单位负责完成本项目的初步设计和施工图设计方案，并征询相关管线单位的意见，尽量考虑他们的需求，最终以政府方的意见为准。

第十七章　医养融合 PPP 项目合同分享

在社会资本参与设立医疗和养老机构方面，我国已出台了一系列鼓励政策。其中在《国务院办公厅关于进一步激发社会领域投资活力的意见》（国办发［2017］21 号）中提到，“引导社会资本以政府和社会资本合作（PPP）模式参与医疗机构、养老服务机构、教育机构、文化设施、体育设施建设运营，开展 PPP 项目示范”。同时在医养结合方面，《国务院关于加快发展养老服务业的若干意见》（国发［2013］35 号）与《国务院关于促进健康服务业发展的若干意见》（国发［2013］40 号）中都提到了“推动医养融合发展”与“推进医疗机构与养老机构等加强合作”。

本章将以本所参与的某医养融合 PPP 项目（以下简称“本 PPP 项目”）为案例进行医养融合 PPP 项目合同（以下简称“项目合同”）的要点解析分享。

一、合同主体

经项目所在地的市级人民政府批准，本 PPP 项目由项目所在地的新区管委会作为实施机构并由其作为政府方签署项目合同，本 PPP 项目社会资本方通过公开招标的方式确定，中标社会资本与政府方签订项目合同。待项目公司成立后，由项目公司以签订补充合同的形式承继中标社会资本在项目合同中的权利义务。

项目合同约定了项目公司由中标社会资本和政府方出资代表按 90% 和 10% 的比例共同以货币形式出资成立，同时约定双方在项目公司中股权变更的条款，主要有两方面：

1. 政府方的股权退出。项目合同约定在本 PPP 项目进入运营期起的 5 年内，政府方将其持有的项目公司的股权依法转让予社会资本方，股权转让价格中包含政府方股权投资的原始出资额本金以及股权投资的合理收益。

2. 社会资本方的股权转让。项目合同约定在社会资本方对项目公司的实际控制权不变的前提下，社会资本方向其关联公司、具备相关资质的第三方或为了融资之目的而转让股权的，政府方应当同意。但是，为了防止社会资本方随意转让股权，项目合同同时约定社会资本方在进行股权转让前应至少提前 30 日通知政府方，并向政府方提交股权转让的书面材料（包括阐明变更原因、变更方式、拟转让的股权比例、意向受让方情况等）。政府方有权在收到书面材料后 30 日内就社会资本方在项目公司的实际控制权是否发生变化进行审查，经审查无异议或未在 30 日内提出异议的，社会资本方方可办理股权转让手续。

二、合作内容

本 PPP 项目位于当地的森林公园内，借助当地的旅游优势，以促进养老和医疗卫生事业的发展。合作内容包括高端医疗设施（含 800 张床位规模国际专科医院）、康复及综合服务设施、社区式养老中心及附属配套设施的建设及运营，项目总投资为 20 余亿元人民币。

项目合同中还专门约定由项目公司在社区式养老中心中预留一定数量的床位，为 70 岁以上低保户家庭老人、70 岁以上失独老人和 70 岁以上空巢老人提供公益性养老服务，同时约定对于提供公益性养老服务的床位，定价应在当年社区式养老中心统一定价的基础上下浮一定比例，具体比例以中标社会资本在投标时的报价为准。

三、合作方式

本 PPP 项目采用 BOO 的合作方式，即项目公司拥有本 PPP 项目全部资产的所有权，合作结束后无需向政府移交项目设施。采用该合作方式主要有以下几点考虑：

1. 本 PPP 项目的产品类型为医疗、养老项目，为依托森林公园的旅游资源建造的医疗、养老设施，从长期角度考虑，并非必须由政府回收设施或由政府直接运营；

2. 当地政策鼓励社会资本兴办医疗机构，现阶段大部分的医院和养老院均为民营，政府一般只履行监管职能；

3. 本 PPP 项目运营内容包括国际专科医院、养老设施及各类附属设施。上述运营内容具有一定的专业性，政府方运营此类项目需借助专业运营机构的帮助。

由于 BOO 模式的特殊性，还会对合同中其他条款造成影响，下文将逐个解释。

四、合作期限

本 PPP 项目的合作期限为 25 年，PPP 项目合同约定合作期限届满后由社会资本方自主经营，政府方仅负责行政监管。

在 BOO 模式下，合作期限的设置需兼顾社会资本方和政府方的权利义务：

1. 从社会资本方的角度，需要约定合适的合作期限以保护项目公司在特定区域内的排他性经营，即在合作期限内政府在特定区域内不再自建或允许其他与本 PPP 项目类似的医养融合项目的建设与运营，以保障本 PPP 项目未来市场的培育以带来足够的使用者数量与预期收益；

2. 从政府方的角度，合作期限内政府的监管权不仅限于行政监管，还可以行使合同约定的监管权，如对项目公司进行绩效考核，约定在项目公司违约情形下的履约担保兑付机制、向项目公司派驻董事、监事或高管，约定派驻的董事行使一票否决权等。

五、项目建设

在 BOO 模式下，项目设施所有权与项目土地使用权都归项目公司所有，项目合同在项目建设期的责任分工、项目建设总投资的确定及延迟竣工违约责任方面，均相应体现了上述特点。

（一）项目建设期的责任分工

在本 PPP 项目中，项目合同约定项目公司为本 PPP 项目的建设主体单位，负责建设工程的组织管理和协调工作，主要包括根据政府方制定的规划设计要点完成勘察、初步设计、施工图设计、概预算编制，办理建设用地规划许可证、建设工程规划许可证、国有土地使用权证、建设工程施工许可证，依法选择勘察、设计、监理和施工单位，组织建设工程的竣工验收和备案，完成建设工程竣工决算。

而政府方在项目建设中主要履行监督职责，包括审查本 PPP 项目的规划设计方案、勘察、初步设计、施工图设计及设计变更、概预算、竣工决算并提出审查意见，对项目公司选择勘察、设计、监理和施工单位的合法性进行监督，对建设工程的质量和进度进行检查和监督，参与建设工程的竣工验收。

除此之外，为了保证项目设施建设的顺利开展，政府方还需要积极协助项目公司办理建设用地规划许可证、建设工程规划许可证、国有土地使用权证、建设工程施工许可证以及其他建设相关的手续。

（二）项目建设总投资的确定

一方面，因项目公司永久拥有项目设施的所有权和经营权，社会资本方有着在保证项目建设质量的同时努力降低投资成本的内生动力；另一方面，本PPP项目为使用者付费项目，由项目公司自主承担运营的风险，无须政府从财政预算中支付服务费用，因此，项目合同约定项目建设总投资中各项组成均据实结算，不对建筑安装工程费下浮和建设期利息下浮等作特别要求。

（三）延迟竣工的违约责任

在本PPP项目中，虽然项目公司有着足够的内生动力保证项目建设的如期完成，但政府方仍希望设置项目建设延迟竣工的违约条款。由于本PPP项目的项目用地通过依法受让的方式获取，项目公司需与国土部门签订《国有建设用地使用权出让合同》，在该土地出让合同中明确了延迟竣工的违约金标准，所以在项目合同中采用了相同的违约金标准。但是本着不重复收取违约金的原则，项目合同约定如项目公司已根据《国有建设用地使用权出让合同》支付违约金的，则项目合同的违约金不再重复支付。

六、项目运营与维护

（一）运营与维护的内容和责任划分

本PPP项目设施建成后即投入运营，主要为医院和养老机构两大部分。在开始运营前，项目公司必须取得《医疗机构执业许可证》《养老机构设立许可证》及其他必要许可后方可正式对外经营。项目合同还约定政府方应积极协助项目公司取得设立医疗机构和养老机构相关的许可。

为了体现PPP重视运营的要求，深入发掘引入社会资本的潜力，项目合同还约定允许项目公司将合项目设施经营和维护工作委托给具有相关经验和能力的第三方，以达到良好的运营效果。在选择第三方运营服务提供商时，由项目公司负责组织实施并及时将相关资料报政府方备案，而政府方主要履行监督职能，有权对第三方服务供应商的选择流程及合同谈判过程进行监督。

同时，项目合同约定政府方应给予项目公司一定的运营补贴（详见下文中关于回报机制的介绍）并支付公益性养老服务的费用，积极协助项目公司申报省或省以上重点项目，争取国家、本省、本市等上级政府部门专项资金费用及相关优惠政策，协助项目公司办理医疗机构纳入医疗保险定点手续，协助项目公司办理医疗机构纳入医疗保险定点手续。

（二）运营与维护的要求和标准

根据国家对医疗和养老行业的相关法律规范，在运营和维护方面通常有如下要求：

1. 医疗机构方面：要求配备有执业资格的医师和护士人员，建立突发公共卫生事件与传染病疫情监测及信息报告机制，建立并严格执行处方、病例、消毒、感染、临床用血、药品、制剂、价格、放射、医疗废弃物、医疗事故预防及处置等管理制度；

2. 养老机构方面：要求配备有相关资质证书的护理人员，建立老年人健康状况评估和健康档案管理，为老年人提供生活照料、膳食、清洁卫生、洗涤、老年护理、文化娱乐、心理 / 精神支持、安全防护、医疗保健等服务。

3. 安全、环境及应急管理：建立健全安全生产责任制、消防安全等管理制度，并要求制定医疗卫生事故等安全生产事故、火灾事故、传染病流行、群体性疾病、群体性食物中毒和职业中毒等突发公共安全卫生事件、人流密集场所突发公共事件、自然灾害等应急预案。

项目合同中对运营和维护的要求通常体现在保障政府方对项目设施运营情况的知情权。项目公司应负责编制和修改项目设施经营和维护手册以及设置安全管理和应急处置预案，还要制定每个运营年度的经营计划与报告。以上材料都须按合同约定及时报政府方备案，政府方有权检查备案材料并提出整改要求。

（三）项目设施的处分

本着PPP项目的公共属性，原则上项目设施在处分前应经过政府方的同意。但在项目公司拥有全部项目设施的前提下，项目合同约定为了本PPP项目融资之目的，项目公司可对本PPP项目的收益权和股权设置质押、对项目设施进行出租和抵押以及对除核心项目设施外的项目设施进行转让和处置，政府方应当同意。项目合同同时约定项目公司对如医院、公寓等物业以及关键医疗设备等核心项目设施的转让或处置前，必须经过政府方的同意。

政府方有权对在项目设施上设置权利负担时行使监管权利，项目公司须将相关的融资文件交与政府方备案，且获得的融资款应只用于本PPP项目，不得随意改变融资款的用途。

七、项目回报机制

本PPP项目为使用者付费项目，此外政府还承诺在进入运营期后的前三年，每年给予一定额度的运营补贴，作为项目公司在前期培育市场时的扶持措施（运营补贴根据中标社会资本方在投标文件中的报价确定）。

项目回报其他安排如下：

（一）运营补贴的支付

政府方承诺将向项目公司支付的运营补贴的金额纳入当年财政预算和中期财政规划，通过逐年安排预算支出，并履行人大审议程序，完善运营补贴支付的各项手续，以保证运营补贴的支付。

（二）使用者付费的定价与调价机制

1. 项目设施服务费用的定价。根据当地的相关政策，允许项目公司对项目设施的运营有自主定价和调价权，但对于体现公益性的养老服务床位，项目公司的定价应不高于当年社区式养老中心定价的一定比例。该公益性养老服务费由政府方通过帮扶资金、专项拨款等方式确保支付。

2. 相关药品的定价。项目合同通常会约定有关药品定价调价的原则：

（1）对于依法实行政府定价、政府指导价的药品，项目公司必须执行政府定价、政府指导价，不得以任何形式擅自提高价格；

（2）对于依法实行市场调节价的药品，项目公司应当按照公平、合理和诚实信用、质价相符的原则制定价格，为用药者提供价格合理的药品；

（3）项目公司应当依法向政府价格主管部门提供其药品的实际购销价格和购销数量等资料；

（4）如项目公司将医疗机构纳入医疗保险定点目录的，则项目公司应当依法如实公布其常用药品的价格，加强合理用药的管理。

（三）专项资金及优惠政策

政府方应承诺给予本地现有的和相关法律政策中规定的普适型的优惠政策，如免征营业税、按照床位给予运营补贴、减半征收行政事业性收费等。同时，与本 PPP 项目相关的国家、本省、本市及其他机构拨付的专项奖励、资金或费用，政府方应全额拨付项目公司，项目公司专款专用于本 PPP 项目。

八、绩效考核体系

本 PPP 项目的绩效考核主要分为建设期考核与运营期考核两方面。建设期主要从环境保护、安全生产与社会影响三个方面对项目设施的建设进行考核。如若发生绩效考核不达标的情形，政府方有权按照建设期履约保函的一定比例扣除考核金。

运营期的考核指标分为五个方面，包括项目维护、项目服务、废弃物管理、安全管理和服务满意度。在考核方式上主要为定期考核，辅以不定期抽查考核。项目合同中约定本 PPP 项目每年定期考核一次，且政府方有权不定期抽查监督，如发现项目公司存在运营期绩效考核指标体系中的缺陷，可通知项目公司限期整改。

在实施绩效考核时，政府方可自行或委托第三方进行考核，每年形成一次绩效考核结果，并据此确定当年运营期绩效考核金是否需扣减及扣减金额。若在不定期抽查中项目公司未能按期整改的，则不定期抽查的结果也可作为定期考核的结果，并据此扣减绩效考核金。

九、提前终止

项目合同约定了出现导致项目合同提前终止的情形，并约定不同情形下的提前终止补偿金的标准。

对于在运营期出现导致提前终止的情形，项目合同约定提前终止补偿金计算时应考虑社会资本方未收回的项目总投资及运营期间的合理利润，包括未偿还的融资资金（含本金、利息、提前还款违约金、逾期还款利息）、实际投入的资金总和、向第三方支付的费用（员工补偿、第三方违约金）及合理的利润损失。

因项目公司永久拥有项目设施的所有权和经营权，本 PPP 项目在确定合理利润损失时采用了永续年金的计算方式。

第十八章　园区开发 PPP 项目合同分享

《国务院办公厅关于促进开发区改革和创新发展的若干意见》（国办发［2017］7 号）第十五条规定："鼓励以政府和社会资本合作（PPP）模式进行开发区公共服务、基础设施类项目建设，鼓励社会资本在现有的开发区中投资建设、运营特色产业园，积极探索合作办园区的发展模式。"

不同于单体建设项目，园区开发 PPP 项目往往具备开发建设面积广、投资强度大、合作期限长、合作内容多样化、标的项目种类多、开发进度受制于规划审批等各类因素、开发效果难以简单度量等特点，因此，完整科学地设计园区开发 PPP 项目合同的整体结构，并在 PPP 项目合同中合理地约定双方的权利义务、适当分配项目风险，对于园区开发项目显得至关重要。

本篇将以本所作为政府方法律咨询顾问参与的某园区开发 PPP 项目（以下简称"本 PPP 项目"）为案例进行园区开发 PPP 项目合同（以下简称"项目合同"）的要点解析。

一、合同主体

本 PPP 项目所在地的开发区管委会属于市政府的派出机构，对合作区域享有经济管理、城市管理和资源管理等管理权限，并且具有相对独立的财政预算编制权（其编制年度预算后上报区政府一并报区同级人大审批），在听取区政府的意见后，本项目由开发区管委会作为实施机构并由其作为政府方签署项目合同。

本 PPP 项目社会资本方通过公开招标的方式确定，由中标社会资本独资成立项目公司并签署项目合同。

二、合作内容

本 PPP 项目按照工业园区建设和新型城镇化的总体要求，打造产城融合的产业新城，合作区域 40 余平方公里，项目总投资 400 余亿元人民币，合作内容包括土地整理投资；市政基础设施和公共服务设施的设计、投资融资和建设；规划咨询类服务；项目设施的运营维护和物业管理以及产业发展服务。

三、合作期限

本 PPP 项目在经过详细的财务测算后确定合作期限为 26 年，同时考虑到园区开发过程中的诸多不确定性因素可能导致的社会资本方延期收回其投资及合理收益，项目合同中也对合作期限的调整作出了原则性约定。

（一）合作期限的确定

本 PPP 项目财务测算在一定的假设条件下，测算在约定的回报机制下政府方财政支出和合作区域内的财政收入。其中，采用的假设条件的主要依据为园区开发相关的政策和规划文件、开发区管委会的历史数据，同时参照其他已运营的园区项目的数据以及社会资本方在建议书中提出的开发时序等。

1. 本项目回报机制下政府方财政支出的测算：即政府方在约定的回报机制下应与社会资本方结算的服务费用，包括土地整理投资、市政基础设施和公共服务设施建设、规划咨询服务、运营维护和物业管理服务所需的成本和合理的收益以及产业发展服务费用。

2. 合作区域内的财政收入的测算：主要包括在合作区域内产生的国有土地使用权出让收入、税收收入和市政基础设施配套费收入的开发区留成部分。其中：（1）国有土地使用权出让收入，根据合作区域内实际可供出让的居住用地、商业服务业设施用地、工业用地和物流仓储用地的数量，以及居住用地和商业服务业设施用地的出让时序并结合各类相关因素进行测算；（2）税收收入，根据合作区域内工业用地和物流仓储用地的数量，并通过估计入区企业的亩均产值和单位利税数据进行测算；（3）市政基础设施配套费收入，根据住宅、商业建筑面积及单价进行测算。

通过比较上述经测算得出的合作区域内的财政收入和本项目回报机制下的财政支出数据，合理确定社会资本在完成本 PPP 项目合作内容后可在 26 年内收回其投资和合理收益，因此确定本项目合作期限为 26 年。

（二）合作期限的调整

考虑园区开发项目中存在土地总体利用规划调整、城市总体规划调整、土地征收和拆迁安置工作不能如期完成和建设用地指标获取不足等诸多影响开发进度的不确定性因素，项目合同约定了可予以调整合作期限的情形，包括：（1）政府方违约、不可抗力、法律变更、政府行为或其他非社会资本方原因造成期限中断；（2）因非社会资本方原因造成合作区域未能按期开发完毕；（3）合作区域全部开发完毕且政府方已按项目合同的约定向社会资本方足额支付了服务费用。

四、前期工作

本节所说前期工作主要指本 PPP 项目的规划编制、审批和建设用地指标的获取。

（一）园区规划

规划是园区开发的首要工作。在本PPP项目执行采购前，政府方已完成土地利用总体规划和城市总体规划的编制工作。为了借鉴社会资本方在产业布局、园区设计等的理念和经验，项目合同约定控制性详细规划和城市设计的编制由双方共同完成，园区开发的总体方案和开发计划、产业发展规划由社会资本方编制并经政府方批准后实施。

（二）建设用地指标的获取

本项目合作区域中有大量的集体用地和农用地，需完成土地征收和农用地转成建设用地工作后方可进行开发建设。而新增建设占用农用地及耕地指标（常称“建设用地指标”）的获取是土地征收和农用地转用的前提条件，是影响园区开发进度的关键性因素之一。

首先，项目合同约定了建设用地指标的获取方式和双方的分工，其中：（1）对于政府方通过计划方式获取的建设用地指标，按年度需求情况优先用于合作区域内市政基础设施和公共服务设施以及重特大产业项目的项目用地；（2）对于双方共同通过市场化途径或其他合法的途径获取的建设用地指标，社会资本方负责提供指标的信息来源，政府方负责相关手续的办理。

其次，对于未能及时获取建设用地指标而影响园区开发进度的风险，项目合同约定由双方通过协商调整绩效考核体系的方式予以合理分担。

五、项目建设

本PPP项目中市政基础设施和公共服务设施的各单项工程的立项主体为政府方，项目合同约定了双方配合完成单项工程的立项、工程规划选址、用地预审、环境影响评价、节能评价、可研、勘察、初步设计及初步设计审查、施工图设计及施工图审查和备案等工作。

考虑各单项工程采用施工总承包的形式建设，而中标社会资本方并不一定具备相应的资质和能力，因此，项目合同约定如社会资本方不具备相应的资质和能力，则社会资本方应通过招标或其他合法流程选择各单项建设工程的勘察、设计、监理单位和施工总承包商。

同时，一方面，为了切实保障政府方监督权以确保选择全过程的公平公正，项目合同约定社会资本方应及时将相关资料报政府方备案，而政府方有权对选择流程及合同谈判工作进行全过程的监督检查，并对投资估算、设计概算和施工预算进行审查，且政府方可在接到社会资本方的备案材料后一定期限内提出书面异议，如政府方未在限期内提出书面异议意见，则社会资本方可与第三方签订合同。

另一方面，为了兼顾效率，项目合同约定对于未达到《工程建设项目招标范围和规模标准规定》（发改委 2000 年第 3 号令）标准的项目，社会资本方可直接与勘察、设计、监理单位和施工总承包商签订合同，并每季度集中向政府方提交备案资料。

六、项目运营

本 PPP 项目运营的内容包括规划咨询类服务、项目设施的运营维护和物业管理以及产业发展服务三部分。本 PPP 项目并未限制社会资本方将项目运营外包，但项目合同明确约定，如社会资本方将项目运营委托给第三方的，仍不能免除社会资本方应向政府方承担的合同项下的所有责任和义务。

（一）项目设施的运营维护和物业管理

社会资本方应负责本 PPP 项目合作区域内由其投资建设的市政基础设施和公共服务设施的运营、维护保养和物业管理服务。根据市政基础设施和公共服务设施的不同特征，对运营服务的内容作出了区别约定，其中：

1. 对于市政基础设施和公共服务设施，以及道路清扫及养护、绿化、垃圾清运以及相关的园区配套基础设施，由社会资本方负责运营和维护保养；

2. 对于教育、医疗和社区服务等民生类公共服务设施，由相应的教育、卫生和社区管理部门接管运营，而社会资本方根据政府方要求提供维护保养、物业管理及后勤服务等；

3. 对于有相关经营性收入的公共服务设施的运营维护方式，则由政府方和社会资本方另行协商确定。

（二）产业发展服务

产业发展服务是本 PPP 项目中政府方招选社会资本方最核心的诉求。项目合同约定由社会资本方负责产业发展的战略研究，编制产业发展规划和产业招商标准，经政府方批准后开展园区品牌塑造、产业招商、入区企业服务等相关产业发展服务工作。

一方面，为确保入区项目符合产业发展规划的要求，项目合同约定社会资本方在引入项目前应报政府方批准，并由政府方和入区企业签订入区协议书。

另一方面，对于入区项目在合作期限内倒闭或关闭的情形，项目合同也根据倒闭或关闭的具体时间约定了不同的处理方式：

1. 如入区项目尚未竣工验收或投入运营即倒闭或关闭的，政府方不向社会资本方支付产业发展服务费，但对于社会资本方已为该入区项目实际兑现的优惠政策的金额，双方按合理的比例分担；

2. 如入区项目投入运营后关闭或倒闭的，则可由双方协商依法收购或收回其土地后继续用于二次招商。

七、项目回报机制

本 PPP 项目为政府付费项目，项目回报机制安排如下：

1. 政府付费采取“先费用结算后政府付费”的原则，即政府方依据约定的结算方式并结合绩效评价结果，向社会资本方支付服务费用；

2. 合作区域内新增的税收收入、国有土地使用权出让收入和市政基础设施配套费的开发区留成部分的一定比例的金额作为政府付费的资金来源，但政府方向社会资本方实际支付的服务费用应依据约定的结算方式以及财政收支相关适用法律的规定执行；

3. 政府方将用于支付服务费用的资金来源纳入中长期财政规划和当年财政预算，通过逐年安排预算支出，并履行人大审议程序，完善财政支付各项手续，以保证服务费用的支付。

本 PPP 项目的基本回报机制如下图所示：

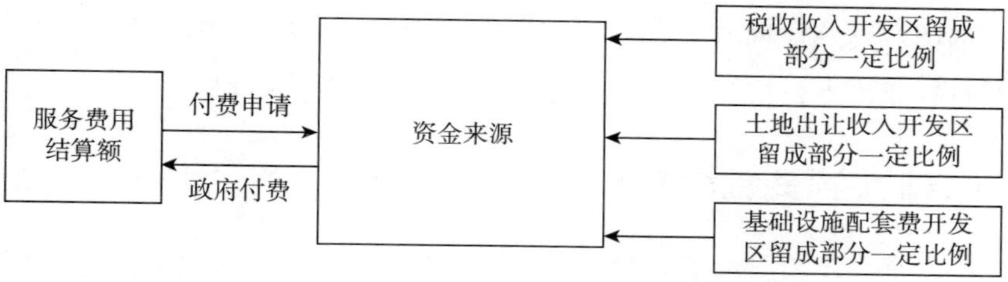

（一）回报机制的设计原则

本 PPP 项目回报机制的设计同时兼顾了政府方的财政支出压力和社会资本方的营收风险。

一方面，项目合同约定，在合作期限内，政府方向社会资本方累计支付的服务费用应不超过累计的资金来源的金额。如合作期限届满时，政府方将资金来源的金额全部实际支付社会资本方后仍不足以支付服务费用的，则社会资本方应豁免政府方对于不足部分的政府付费义务。

另一方面，考虑合作初期时资金来源的金额不足以支付服务费用，项目合同约定双方将在每个运营年度结束后对当年结算的服务费用和政府付费实际支付情况进行总决算。自总决算之日起至完成该笔付费的期间，政府方向社会资本方支付差额部分的资金占用费。

（二）服务费用的结算

总体来说，本 PPP 项目服务费用采取两种模式结算：

1. 土地整理投资费用、市政基础设施和公共服务设施建设费用、规划咨询服务费用以及项目设施运营维护和物业管理费用采取“成本加合理收益”的模式。上述合理收益作为招选社会资本方时的竞价点，依据中标社会资本方提交的投标文件确定；

2. 产业发展服务费用按由社会资本方引入的入区项目的新增已完成落地投资额的一定比例计取，入区项目的范围包括由社会资本方引入的工业、科研类项目、民办学校、民办医院、公办名校、公办三级综合性医院以及经双方确认需作为产业招商的酒店，但不包括销售类住宅、销售类商业以及由开发商招商的经营性用地的配建项目。上述比例作为招选社会资本方时的竞价点，依据中标社会资本方提交的投标文件确定。

（三）专项资金的使用

项目合同还约定对于国家、省、市及其他机构为扶持合作区域内用于市政基础设施和公共服务设施等项目建设拨付的奖励或专项资金、费用，政府方应全额拨付社会资本方作为专项项目建设使用，社会资本方应专款专用。

如政府方在专项项目建设竣工前拨付社会资本方的，该笔专项资金金额应在社会资本方的项目建设投资成本中予以扣减；如政府方在专项项目建设竣工后拨付社会资本方的，则该笔专项资金金额用于冲抵服务费用。

八、绩效考核体系

从平衡“产、城、人”可持续发展的原则出发，本 PPP 项目在产业发展、服务业发展和城市功能类三个维度中分别选取了代表性指标，搭建了包括考核性指标和必要性指标两个部分的综合绩效考核指标体系，并约定了完整的绩效考核办法及绩效考核结果与政府付费相挂钩的机制。

（一）考核性指标考核体系

1. 指标设定

政府方希望在园区内引入高端制造业和现代服务业，打造“产、城、人”融合的产业新城。考核性指标紧紧围绕政府方对于园区未来发展的设想而设置，如：（1）为了避免社会资本方仅为了收取产业发展服务费用，而过多地引入落地投资额很高但不能持续产生税收或产生税收很少的企业，政府方通过设定“亩均税收”的指标予以约束；（2）为了要求社会资本方引入现代服务业，政府方通过设定“服务业增加值占地区生产总值的比重”的指标予以约束；（3）为了最终体现城市综合功能区的定位，政府方通过设定“人口导入”的指标予以约束。

2. 考核办法

政府方希望社会资本方在 10 年内完成园区的开发建设工作，同时考虑园区开发工作的综合化，项目合同约定的考核周期分别为 3 年、5 年和 10 年，第三次考核周期期满后，由双方另行协商确定绩效考核指标及考核周期。政府方通过“对各项考核性指标加权平均综合评分”的方式，来考核社会资本方绩效是否达标。

3. 考核结果与付费

绩效考核结果与考核周期内的政府付费总额挂钩，即政府方根据考核结果，判定是否对考核周期内累计年度服务费用总额的一定比例进行相应的扣减、全额付费或奖励。

另外，项目合同同时约定，如社会资本方在考核周期内有若干项考核性指标不达标，则政府方有权提前终止项目合同。

（二）必要性指标考核体系

1. 指标设定

必要性指标的设置，体现了政府方对于园区中的主导产业、产业配套设施、研发创新能级、重点特色项目以及教育、卫生、文化和体育等配套项目的导入和建设的品质和完成时间的要求，如：（1）要求社会资本方在一定期限内引入符合一定要求的研发机构；（2）一定期限内建设湿地公园并投入运营；（3）在一定期限内建成并引入符合一定要求的教育、医疗机构等。

2. 考核办法

政府方通过对各项必要性指标“分别单独评价”的方式，在约定的考核年度结束后考核社会资本方绩效是否达标。

3. 考核结果与付费

绩效考核结果与考核年度的政府付费挂钩，即政府方根据考核结果，判定是否对考核当年的年度服务费用的一定比例进行相应的扣减或全额给予。

另外，项目合同同时约定，如社会资本方在考核当年有若干项必要性指标不达标或某一项必要性指标连续若干次不达标，则政府方有权提前终止项目合同。

九、提前终止与终止补偿

项目合同区别约定了因前提条件未能实现、法律变更或政府行为、不可抗力、临时接管、甲方违约事件和乙方违约事件导致的提前终止的各类情形，其中特别约定了与绩效考核结果相挂钩的提前终止的触发条件，即：一方面，如果社会资本方在约定的考核周期或考核年度内未能达到绩效考核体系的要求，则政府方有权提前终止；另一方面，如果社会资本方提前完成园区开发且足额收回投资成本及合理收益，则双方可协商提前终止。

同时，就提前终止补偿金的计算方式，项目合同分别就已完成服务费用结算和未完成服务费用结算的事项作出了区别约定：

1. 对于已完成费用结算但政府方尚未实际支付终止的金额，考虑到社会资本方已提供了相应的规划咨询和运营维护服务，完成了市政基础设施和公共服务设施单项工程的建设，引入了产业项目，原则上政府方应继续向社会资本方支付服务费用。但是，对于社会资本方应向第三方支付但尚未实际支付的金额（如应向第三方咨询机构或运营维护方支付的服务费用、应向施工总承包商支付的工程款和应向入区企业承诺的优惠政策金额等），为避免社会资本方恶意拖欠或不予支付而造成不良社会影响，因此，该部分金额在支付提前终止补偿金时予以扣除。

2. 对于社会资本方已实际投资但尚未完成费用结算的金额，政府方根据社会资本方实际对外支付的金额为基数，分别就导致提前终止的不同情形计算并支付提前终止补偿金。

第十九章　智慧城市 PPP 项目合同分享

《中华人民共和国国民经济和社会发展第十三个五年规划纲要》（2016.3.16）提出："加强现代化信息基础设施建设，推进大数据和物联网发展，建设智慧城市"。

《中共中央国务院关于加强城市规划建设管理工作的若干意见》（2016.2.6）指出："推进城市智慧管理。加强城市管理和服务体系智能化建设，促进大数据、物联网、云计算等现代信息技术与城市管理服务融合，提升城市治理和服务水平。加强市政设施运行管理、交通管理、环境管理、应急管理等城市管理数字化平台建设和功能整合，建设综合性城市管理数据库。推进城市宽带信息基础设施建设，强化网络安全保障。积极发展民生服务智慧应用。到 2020 年，建成一批特色鲜明的智慧城市。通过智慧城市建设和其他一系列城市规划建设管理措施，不断提高城市运行效率。"

本篇将以本所参与的某地智慧城市 PPP 项目（以下简称"本 PPP 项目"）为案例进行智慧城市 PPP 项目合同（以下简称"PPP 项目合同"）的要点解析分享。

一、合作内容

本 PPP 项目的合作内容为智慧城市项目的方案设计、投资、建设、运营维护和移交。该城市智慧城市项目的顶层设计分为三期，因二期、三期的建设内容尚未明确，因此本 PPP 项目合作内容仅包含项目一期，一期内容涵盖该城市的智能交通、智慧城管综合平台、综合应急指挥中心、城市综合信息大数据平台、智慧医疗、智慧社区、社会治安综合治理信息平台、智慧文化、智慧气象服务平台、野外文物保护现场环监控系统和生态环境数据中心等。

同时，考虑到项目管理的统一性、安全性、成本集约性，PPP 项目合同中也专门就二期、三期的实施作出了专门约定：在满足以下前提条件时，实施机构将以单一来源采购的方式确定项目公司作为本项目二期、三期的实施主体：（1）项目公司最近三年的绩效考核评价结果均在 85 分以上，运营期尚未满三年则不满足本条要求；（2）实施机构以届时其编制的二期、三期可行性研究报告的内容及投资估算及当时的市场合理回报进行财务测算，并编制实施方案、物有所值和财政承受能力报告，分别经财政局和市政府审批；（3）项目公司愿意根据实施方案的边界条件继续实施二期、三期的内容；（4）符合单一来源采购的条件，并经审批同意。通过上述约定，一方面增加项目的吸引力，也可以督促项目公司重视并提高运营期的运营效率和服务水平，同时也能满足政府方在合法合规的前提下对节省采购时间、成本并提高效率的希望。

二、合作期限

考虑到智慧城市项目固定资产折旧年限较低，通常在 3—5 年之间。过长的合作年限，需要社会资本方在合作期内进行多次的更新投资。因此，在符合 PPP 项目对合作年限要求的前提下，为减少合作年限内社会资本方更新设备的次数，降低双方的投资风险，本 PPP 项目的合作期限约定为十三（13）年，其中建设期三（3）年，运营期十（10）年。

另外，由于本 PPP 项目中建设内容较多，且类型不一、建设方式、地点也有所不同，故PPP项目合同中约定根据功能将所有建设内容分成13个子项目，每个子项目分别设置各自的建设期和运营期，每个子项目的建设期自该子项目开工日至该子项目竣工验收日止；每个子项目的运营期均为10年，自竣工验收合格日的次日开始计算10年。

三、项目用地

智慧城市项目通常不新占用土地，设备均装置在已有的办公场所、机房，或装置在其他如路灯等装置上，因此不涉及获取土地使用权的问题，项目总投资中也不包含土地相关费用。

但PPP项目合同中需要就项目实施所需要的办公场所、设备维护场所进行必要的约定，通常由政府方免费提供该等场所。

四、项目建设供应商的选择

由于本PPP项目的社会资本方采购采用的是竞争性磋商的方式，且中标社会资本方本身并不具备所有子项目建设所需要的所有资质，因此本PPP项目的建设单位需由项目公司另行选择。

对于项目建设供应商的选择，在PPP项目合同中约定：项目公司应通过合法方式选择有资质的单位实施各子项目的监理、建设及设备供应。政府方有权审阅监理单位、建设方和设备供应商的采购方案，并参与采购全过程，对采购流程实施监督。

五、项目总投资的确定

1. 总投资的构成

根据智慧城市项目的特点，总投资通常包含以下内容：设备购置费、设备安装服务费、前期费用、软件开发费用、建设期利息等。

2. 估算总投资

本 PPP 项目的可行性研究报告由政府方聘请第三专业公司进行概念规划和设计，并由经政府方认可的概念规划和设计内容确定可行性研究报告，以此作为本项目初始估算总投资的依据。

3. 预算总投资

值得注意的是，智慧城市项目的建设不同于传统的市政、公路、港口等基础设施的建设工程，并没有相关概算、预算编制办法作为总投资的编制依据。因此，在 PPP 项目合同中约定：项目预算总投资由政府方聘请第三方专业公司进行细化建设方案的设计，根据经政府方认可的细化建设方案，编制本 PPP 项目预算总投资。

4. 总投资的确定

在 PPP 项目合同中约定：本 PPP 项目由政府方聘请第三方机构根据细化建设方案对整个项目进行跟踪审计，并根据竣工审计结果确定项目总投资。

六、设备更新

智慧城市项目的一个主要特点是设备的使用年限低、更新率高，固定资产的折旧年限通常在 3—5 年之间，而 PPP 项目的合作期限至少在 10 年以上，也就是说即使约定合规范围内最短的合作期限，期间也至少面临一次大范围的设备更新。因此，在智慧城市 PPP 项目中必须约定有关设备更新的条款，且至少包括更新时间、更新率、更新总投资的确定等内容。

由于本 PPP 项目的合作年限为 13 年（建设期 3 年，运营期 10 年），每个子项目独立设置建设期和运营期，故在 PPP 项目合同中关于设备更新作出了如下约定：各子项目在进入运营期后根据各子项目设施的实际运行情况进行一次更新；原则上更新投资比例不超过各子项目初始总投资的

40%；具体的重置方案（包括重置时间、投资金额等）由项目公司编制重置方案提交政府方审议，经政府方同意批准后的重置方案项目公司方可予以实施；更新应由项目公司通过合法程序选择有资质的单位实施建设、监理以及设备供应，政府方有权审阅选择建设方、监理单位和设备供应商的采购方案并参与采购全过程，对采购流程实施监督。

七、竣工验收

智慧城市项目竣工验收不同于传统的市政工程等土建项目验收，一般不适用环保验收及竣工备案等要求。通常都是由各个主管部门根据事先设定的建设标准和验收标准，组织专家进行验收，并出具验收结论作为项目竣工验收的依据。

就本 PPP 项目而言，因涉及多个主管部门的智慧建设项目，因此在 PPP 项目合同中约定：每个子项目的验收均由项目公司组织，并邀请各自的主管部门及其聘请的专家参与验收工作。

八、回报机制

本 PPP 项目的回报机制为政府付费。为降低本 PPP 项目中政府方的整体付费额度，同时减轻项目公司的资金压力，本 PPP 项目的政府付费分为两个阶段：建设期和运营期。

1. 建设期：由政府方负责支付建设期实际融资成本和前期费用。

（1）建设期融资成本。在 PPP 项目合同中约定：本项目初始投资在建设期内所实际发生的融资利息及相关融资费用由政府方按月进行支付。并且二次更新的建设期内同样适用。

（2）前期费用。在 PPP 项目合同中约定：本项目初始投资中的前期费用应在项目公司全部发生完成后的 5 个工作日内由项目公司提交付费申请。并且二次更新的建设期内同样适用。

在上述约定下，项目的建设期融资成本和前期费用不再计入项目总投资（即可用性付费基数）。

2. 运营期：由政府方负责支付可用性付费和运维绩效服务费。

（1）可用性付费。

①付费公式。

年金公式，即等额本息的付费方式；

②付费年限。

初始投资：5 年；更新投资：剩余合作期限。

在大部分 PPP 项目中，由于固定资产的折旧年限通常在 10—20 年之间，且在运营期内无须进行大范围的更新，为了激励项目公司持续性地提供优质服务，政府方会将项目的可用性付费在整个运营期内分期进行支付，并且将可用性付费与绩效考核相挂钩，以保证项目持续的可用性。

但在智慧城市项目中，考虑到固定资产折旧年限为 3—5 年、合作期内需要进行大范围的设备更新，同时为了降低了过长付费期给政府财政造成的负担（当然与政府短期的财力也有关），我们认为在智慧城市项目中可以分别就初始投资和更新投资的可用性付费周期进行约定，基本和设备更新的期限保持一致，也可长于更新的时间（和设备的使用年限及更新比例有关）。这样的考虑也基于在智慧城的 PPP 项目中，即使约定的初始投资的可用性付费周期短于项目的运营期，投资人在初始投资收回之前就需要进行二次更新，政府方可以继续就更新投资部分的付费在后续的经营期内进行绩效考核，以维持项目的可用性。当然，此种设计必须建立在政府短期财力相对富裕的前提下，且综合考虑项目的整体付费额度。

因此，在本 PPP 项目合同中约定：项目公司初期投资的可用性付费周期为 5 年，更新投资的可用性付费周期剩余合作期限。

③支付方式。

本 PPP 项目合同中约定：可用性付费按日历年进行支付，且第一期的可用性付费支付时间为进入运营期后的第 15 个工作日，之后每一期为每个日历年的 1 月 15 日。这样约定是考虑通常银行是按季度付息、半年还本，若政府方在进入运营期一年后才支付可用性付费，则一年中项目公司需要筹集更多的资金用于还本付息及第一年的运营成本，而这样的约定可以降低项目公司一定的资金压力。

（2）运维绩效服务费。

本项目运维绩效服务费的计费方式为成本加成。本 PPP 项目合同中约定：就各子项目而言，运维绩效服务费根据经审计的实际运营维护成本结合运营维护年回报率按季度进行支付、按年进行结算。也就是各子项目进入运营期后，每个季度按实际发生的运维服务费进行支付，日历年结束以后根据政府方的审计结果以及运维绩效考核结果对当年的支付进行调整。按季度支付的目的同样也是考虑到项目公司的现金流，降低项目公司的资金压力。

九、绩效考核

1. 绩效考核指标的设定

本 PPP 项目根据国家发展改革委《关于组织开展新型智慧城市评价工作务实推动新型智慧城市健康快速发展的通知》（发改办高技［2016］2476 号）、《新型智慧城市评价指标（2016 年）》等文件要求，结合本项目特点在 PPP 项目合同中约定了绩效考核指标，主要分为惠民服务、精准治理、生态宜居、智能文化、信息资源、网络安全、市民体验及使用部门评价几个部分。着重强调信息更新及时性、网络覆盖率、设备完好率、应急及预警处理情况、网络安全事件处理情况、信息安全防护，以及市民和使用部门的评价等方面。

2. 绩效考核方式

本 PPP 项目合同中约定：政府方应当会同各行业主管部门或委托第

三方机构根据绩效考核指标对本项目中各子项目进行年度绩效考核。绩效考核应当在日历年结束后的三十日内完成，并且在考核前十日通知项目公司。

3. 绩效考核结果与付费

绩效考核评分结果对应相应的绩效考核系数，与本 PPP 项目的一定政府付费额进行挂钩，评分结果 90 分以上全额支付，分数低于 90 分依次降低付费比例，评分结果 50 分以下按 50% 进行支付，连续三年低于 60 分，政府方有权解除 PPP 项目合同。

第二十章　水环境综合治理PPP项目合同分享

《水污染防治行动计划》（国发［2015］17号）中提出水环境综合治理的目标为“于2017年底前实现河面无大面积漂浮物，河岸无垃圾、无违法排污口；于2020年底前完成黑臭水体治理目标。直辖市、省会城市、计划单列市建成区要于2017年底前基本消除黑臭水体”，同时提出了可以采用PPP模式开展。

水环境综合治理项目往往具有治理难度大、治理技术复杂、难以准确确定工程量、边界范围无法完全封闭、需要系统治理、长效维护等特点，因此，在PPP项目合同中需合理约定双方权利义务，适当分配双方风险。

海口市政府将行政区域内的31个水体（包含18个黑臭水体），分成6个项目包，采用PPP模式公开采购社会资本方进行水环境综合治理。本章将以本所参与的其中一个项目包（以下简称“本PPP项目”）为案例，对水环境综合治理PPP项目合同（以下简称“项目合同”）的要点解析分享。

一、合同主体

因本PPP项目中所需综合治理的水系横跨海口市三个行政区，经海口市政府批准，市水务局作为本PPP项目的实施机构并由其作为政府方签署项目合同。

在本 PPP 项目中，由于水环境污染成因十分复杂（包括城市排洪沟排污沟、感潮河段以及受污染的近海海域等），无法准确确定技术路径和工程量，因此，根据《政府采购竞争性磋商采购方式管理暂行办法》（财库［2014］214 号）的规定“技术复杂或者性质特殊，不能确定详细规格或者具体要求的，可以采用竞争性磋商方式开展采购”，本 PPP 项目的社会资本方采用竞争性磋商的方式确定，并由成交社会资本方独资成立的项目公司与政府方签署项目合同。

二、合作内容

《关于推进水污染防治领域政府和社会资本合作的实施意见》（财建［2015］90 号）规定：“推广运用 PPP 模式，以饮用水水源地环境综合整治、湖泊水体保育、河流环境生态修复与综合整治、湖滨河滨缓冲带建设、湿地建设、水源涵养林建设、地下水环境修复、污染场地修复、城市黑臭水体治理、重点河口海湾环境综合整治、入海排污口清理整治、畜禽养殖污染防治、农业面源污染治理、农村环境综合整治、工业园区污染集中治理（含工业废水毒性减排）、城镇污水处理（含再生水利用、污泥处置）及管网建设、城镇生活垃圾收运及处置、环境监测与突发环境事件应急处置等为重点。鼓励对项目有效整合，打包实施 PPP 模式，提升整体收益能力，扩展外部效益。”

本 PPP 项目将一座水域面积 90 余万平方米的水库和长度约 20 公里主干河道综合治理的相关内容打包实施，由社会资本方负责投融资、设计、建设、运营、维护和管理工作，总投资额约 7 亿元人民币。其中：

1. 水库相关的建设内容包括：（1）控源截污工程：新建污水处理厂一座，配套建设人工湿地；（2）内源整治工程，水库底泥生物修复；（3）监控断面水质及流量自动监测及配套信息系统。

2. 主干河道相关的建设内容包括：（1）分散式一体化污水处理厂一座；

（2）滨水生态岸线建设；（3）防洪岸线建设；（4）水域水生态修复工程；（5）景观提升工程；（6）橡胶坝；（7）截污管网；（8）河道清淤系统；（9）人工增氧系统。

3. 运营维护内容包括：（1）污水处理厂运行维护；（2）污泥等二次污染物的处理处置；（3）配套泵站的运行维护；（4）配套管网的运行维护；（5）河湖淤泥的定期清淤、水生植物收割与补种；（6）沿岸植被抚育与补种；（7）水面垃圾的打捞清运；（8）景观绿化带管理与保洁；（9）配套附属设施维护；（10）景观绿化带夜间照明维护。

考虑建设运营一体化治理的要求，项目合同约定上述建设内容中的技术方案由社会资本方向政府方提出建议，经政府方批准后实施。

三、合作期限

本 PPP 项目合作期限为 15 年零 7 个月。考虑到本 PPP 项目需边建设边运营，自项目公司成立后即需开展运营维护工作，以达到并维持本 PPP 项目绩效考核的目标，因此，PPP 项目合同约定了建设期为自合同签订之日起至 2017 年 11 月 30 日止的期间，运营期为自 2017 年 1 月 1 日起至合作期限届满之日的期间。

四、前期费用

项目合同约定本 PPP 项目前期费用原则上均由社会资本方承担，包括但不限于规划选址、环境影响评价、立项及可研、建设单位管理费、测绘、勘察设计费、施工图预算编制费、临时设施费等，纳入本 PPP 项目总投资。

本 PPP 项目涉及的征地拆迁安置补偿费，以及项目合同签署前政府方已支付的部分前期费用则由政府方承担。

五、项目建设

（一）设计和监理

项目合同约定本 PPP 项目建设内容中各项工程的设计由社会资本方负责完成，在报政府方审查后实施。对于各项工程的设计变更，要求在征求设计单位意见并获得政府方批准后实施。监理单位则由政府方聘请并承担费用。

（二）工程建设和设备采购

本 PPP 项目竞争性磋商文件中明确了工程建设单位应具有市政工程施工总承包二级及以上资质。项目合同约定社会资本方应依法选择满足资质要求的工程建设单位，并接受政府方和有关政府部门的监督。

项目合同约定本 PPP 项目工程建设施工及所需的一切临时性或永久性设备、材料等由社会资本方依法负责采购，但社会资本方在采购主要材料和设备之前应当将拟采购的材料和设备的详细资料提交政府方审查。政府方如有异议，应于收到详细资料之日起 3 个工作日内提出。

（三）验收和审计

项目合同约定本 PPP 项目竣工验收（包括土建工程质量验收和设备安装测试）由社会资本方组织，政府方、市质检部门及本 PPP 项目监理单位参与。经政府方书面确认调试合格或视为调试合格后，社会资本方再依法向环保主管部门提出试运行申请，并自试运行之日起 3 个月内向环保主管部门申请进行环保验收。

除履行上述法定验收程序外，为了能更好地评估建设效果，项目合同还约定由双方共同委托具有资质的监测机构对本 PPP 项目监控断面水质进行监测，如监测数据表明自试运行之日起连续 3 个月均能达到要求的，则政府方向社会资本方签发完工投运确认书。

项目合同约定了在本 PPP 项目竣工后，由政府方会同发改、审计部门进行竣工验收结、决算审计（建筑安装工程费应在施工图预算基础上下浮一定比例，根据社会资本方在竞争性磋商响应性文件中的报价确定），审计结果作为确定项目总投资及调整可用性服务费的依据。

（四）废弃物处置

考虑本 PPP 项目建设和运营过程中将会产生大量淤泥、污泥及其他废弃物，项目合同明确约定由社会资本方自行提出设计方案进行处理，相关处置费、运输费由社会资本方承担，计入可用性服务费和运营维护服务费。

六、项目运营维护

项目合同约定在运营维护期内由社会资本方负责项目设施的运营维护，并满足绩效考核体系的要求。社会资本方可将运营维护服务外包给第三方负责，但应按照经政府方事先书面认可的遴选方式、资格条件、业绩要求选择，并应将选择结果报政府方备案。项目合同约定，政府方对第三方运营维护承包商的认可并不解除社会资本方在合同项下的任何义务，社会资本方仍应对政府方承担合同项下的全部责任。

考虑到水系之间相互连接和周边可能出现的违规排污等特点致使本 PPP 项目的边界范围无法完全封闭，项目合同约定，如非因社会资本方原因，导致本 PPP 项目监测断面水质长期超标而需要对项目设施进行必要技术改造或者扩建的，则届时由双方根据社会资本方的投资额以及运营成本的变动协商调整水环境治理服务费，或由政府方通过社会资本方认可的其他形式予以补贴。

七、绩效考核

依据《水污染防治行动计划》和《城市黑臭水体整治工作指南》（建

城［2015］130 号）要求，PPP 项目合同明确了绩效考核体系，包括考核目标、考核标准和监测方案等要求，并将绩效考核结果与运营维护服务费挂钩。

（一）考核目标

PPP 项目合同明确约定了绩效考核的目标，即：（1）2016 年 11 月 30 前，基本消除黑臭水体；（2）2017 年 11 月 30 日前，消除黑臭水体以及 5 项主要水质指标达到地表水环境 V 类水标准；（3）2018 年 12 月底前，24 项水质指标达到地表水环境 V 类水标准。

（二）考核标准和监测方案

PPP 项目合同确定绩效考核内容包括项目设施运营维护状况、水质指标考核（包括日常监测和第三方监测）、投诉与媒体曝光及公众满意度测评，同时基于上述绩效考核目标，对于各项绩效考核内容设置了不同的权重，并每月进行一次绩效考核评分。

作为绩效考核内容中最核心的部分，PPP 项目合同明确约定水质指标考核体系包括日常监测和第三方监测，在水库的 3 个监控断面和主干河道的 7 个监控断面上定期抽样监测，其中：

（1）日常监测：黑臭水体指标和地表水环境 5 项指标，每月监测 1 次；地表水环境标准基本 PPP 项目中 24 项指标，每半年监测 1 次。

（2）第三方监测：黑臭水体指标和地表水环境 5 项指标，每月监测 2 次；地表水环境标准基本 PPP 项目中 24 项指标，每季度监测 1 次。

PPP 项目合同明确约定日常的水质和黑臭水体监测由市环保局完成，第三方监测由政府方委托具有资质的第三方监测单位完成。

（三）绩效考核后果

PPP 项目合同明确约定绩效考核结果与运营维护服务费的支付相挂

钩，具体标准如下：

绩效考核结果	运营维护服务费
考核总分在 [85,100] 区间	审计后应付服务费的 100%
考核总分在 [75,85）区间	审计后应付服务费的 85%
考核总分在 [65,75）区间	审计后应付服务费的 70%
考核总分在 [55,65）区间	审计后应付服务费的 60%
考核总分在 55 分以下	不支付运营维护服务费

项目合同还约定如连续四次考核总分在 55 分以下的，则政府方有权进行临时接管并有权终止项目合同。

为提高社会资本方治理的积极性，项目合同约定当治理后的水质优于考核目标的要求（如要求达到 V 类标准而实际达到 IV 类标准）的，则政府方将给予社会资本方适当奖励。

八、项目回报机制

本 PPP 项目为政府付费项目，社会资本方通过向政府方收取水环境治理服务费（包括可用性服务费和运营维护服务费）收回投资并获得合理回报。

项目合同明确约定政府方支付水环境治理服务费的前提条件为：（1）2017—2018 年合作区域内消除黑臭水体和主要水质指标达到《地表水环境质量标准（GB3838-2002）》V 类标准；（2）2019—2031 年合作区域内水体达到《地表水环境质量标准（GB3838-2002）》V 类标准，且项目工程竣工验收合格。

（一）可用性服务费

本 PPP 项目可用性服务费通过社会资本方在竞争性磋商响应性文件中的报价确定。自进入运营期后，政府方即向社会资本方开始支付可用性服务费，每季度支付一次。

项目合同约定了可对可用性服务费进行调整的情形，包括：（1）匡算投资额和施工图预算额存在差额；（2）竣工验收审计新增或核减工程造价；（3）银行贷款基准利率变化。

1. 匡算投资额和施工图预算额存在差额时的调整

考虑到社会资本方在竞争性磋商响应文件中的报价是基于本 PPP 项目的匡算投资额提出的，而匡算投资额与施工图预算额可能存在一定的差额，项目合同约定了可就匡算投资额和施工图预算额之间的差额（下称“投资额差额”）对可用性服务费进行调整，调整公式如下：

应调整的年度可用性服务费金额 = 投资额差额 × 一定系数。

2. 竣工验收审计新增或核减工程造价时的调整

项目合同约定本 PPP 项目竣工后，政府方将会同市发改委、市审计局等部门进行竣工验收审计，对于施工图预算中的建设内容进行审计后确认其造价，包括：（1）对于经批准的超出施工图预算的建设内容进行审计，确认新增的工程造价；（2）对施工图预算中包含但实际并未实施的建设内容进行审计，确认核减的工程造价。

根据经审计确认新增或核减的造价，相应对可用性服务费进行调整，调整公式如下：

新增 / 核减的年度可用性服务费金额 = 新增 / 核减造价 × 一定系数

3. 银行贷款基准利率变化时的调整

项目合同约定在本 PPP 项目正式运营且竣工决算后，若银行贷款基准利率（按照竣工决算完成时中国人民银行公布的五年期贷款基准利率计算）变化幅度累计大于或等于 0.5 个百分点时，双方均可提出调整可用性服务费的申请并启动调价程序，调价幅度以能完全覆盖利息变化额度为限，调整公式如下：

$A1n=A1i+B\times(Rn-Ri)\times T/365$

其中，$A1n$ 为第 n 年调价后可用性服务费，$A1i$ 为第 n 年调价前可用性服务费，B 为第 n 年调价时借款未付余额，Rn 为银行贷款利率变化后执行银行贷款计息利率，Ri 为银行贷款利率变化前执行银行贷款计息利率，$Rn-Ri$ 大于或等于 0.5%，T 为利率变化年计息期内利率变化后的计息天数。

（二）运营维护服务费

本 PPP 项目运营维护服务费通过社会资本方在竞争性磋商响应性文件中的报价确定。自进入运营期后，政府方即向社会资本方开始支付运营维护服务费，每季度支付一次。

项目合同约定运营维护服务费可根据运营成本变化和增减的运营维护范围进行调整。原则上，每三年可申请调整一次，每次调整应以完全弥补运营成本和运营范围的合理变化为限。

在项目正式运营满两年后，若因人工成本、CPI、电力成本等成本因素变化致使运营养护和管理成本变化超过 3% 时，甲乙双方均可以提出调整申请并启动调价程序。

九、专项资金

《水污染防治专项资金管理办法》（财建［2015］226 号）规定："水污染防治专项资金是指中央财政安排，专门用于支持水污染防治和水生态环境保护方面的资金。专项资金重点支持范围之一为城市黑臭水体整治。"《关于推进水污染防治领域政府和社会资本合作的实施意见》规定："地方各级财政部门要统筹运用水污染防治专项等相关资金，优化调整使用方向，扩大资金来源渠道，对 PPP 项目予以适度政策倾斜。逐步从'补建设'向'补运营'，'前补助'向'后奖励'转变。"

项目合同约定就本 PPP 项目申请到的中央预算内资金、省专项资金等投资补助资金不计投资收益，全部用于支付本 PPP 项目水环境治理服务费用。

十、违约、提前终止及移交

（一）违约责任

项目合同分别约定了政府方和社会资本方违约的情形及赔偿责任，包括：（1）政府方违约：政府方延迟支付水环境治理服务费、不当提取保函；（2）社会资本方违约：注册资金未按时到位、建设期延误、运营维护绩效考核不达标及逾期移交项目资产。

（二）提前终止

项目合同约定了因双方严重违约或因法律变更、政府行为、不可抗力等情形导致提前终止的情形，并明确了提前终止补偿金标准。其中，在双方严重违约的情形下，项目合同明确提前终止补偿金按经审计确定的社会资本方尚未收回的可用性服务费现值（按照双方约定的折现率折现）计算，并增加或扣减前述费用的一定比例作为违约金。

项目合同同时明确，政府方支付提前终止补偿金的前提为社会资本方已经完成债务清理，且需保证相应的项目设施或资产不存在任何权利瑕疵或任何请求权。

（三）移交

项目合同约定社会资本方在移交日之前应对项目设施进行恢复性大修，并且明确全部项目设施在移交日的完好率应达到 95%，其中的关键设备的完好率达到 100%。

项目合同还约定了移交日后 12 个月作为移交后的缺陷责任期，由社会资本方修复因材料、工艺、施工、设计、技术缺陷或运营期内，因社会资本方违约造成的设施和设备任何部分出现的任何缺陷或损坏（正常磨损除外）。

第二十一章　海绵城市 PPP 项目合同分享

《国务院办公厅关于推进海绵城市建设的指导意见》(国办发〔2015〕75 号)提出“海绵城市是指通过加强城市规划建设管理，充分发挥建筑、道路和绿地、水系等生态系统对雨水的吸纳、蓄渗和缓释作用，有效控制雨水径流，实现自然积存、自然渗透、自然净化的城市发展方式”，同时明确工作目标“通过海绵城市建设，综合采取‘渗、滞、蓄、净、用、排’等措施，最大限度地减少城市开发建设对生态环境的影响，将 70% 的降雨就地消纳和利用。到 2020 年，城市建成区 20% 以上的面积达到目标要求；到 2030 年，城市建成区 80% 以上的面积达到目标要求”。

截至 2017 年 7 月底，财政部、住建部和水利部已公布了两批国家海绵城市建设试点城市名单。作为第二批 14 个试点城市之一，三亚市实施的“三亚市海绵城市建设 PPP 项目”（以下简称“本 PPP 项目”），对海南省乃至全国其他海绵城市的建设具有一定的借鉴意义。

海绵城市 PPP 项目具有建设内容广泛、项目类型多、系统性强、边界模糊、投资规模大、参与部门多等特点。本章将以本所参与的本 PPP 项目为案例，围绕本案例 PPP 项目合同（以下简称“项目合同”）的要点进行解析和分享。

一、合同主体

根据《国务院办公厅关于推进海绵城市建设的指导意见》（国办发

［2015］75 号）规定“城市人民政府是海绵城市建设的责任主体，住房城乡建设部会同发展改革委、财政部、水利部等部门指导督促各地做好海绵城市建设相关工作”，在国家层面，各地市人民政府为海绵城市建设的责任主体，住建部为行业指导部门。

在本 PPP 项目中，经三亚市人民政府授权，住建局作为本 PPP 项目的实施机构，通过公开招标的方式选择社会资本方，并作为政府方与中标社会资本方签署项目合同。因本 PPP 项目合作内容包含污水管网及道路海绵设施、水体修复、水质净化及湿地绿地提升改造 3 大类 23 个子项目，项目合同中约定，由住建局委托水务局和园林管理局对具体子项目的建设及运营进行监管、验收和绩效考核。

项目合同约定项目公司由中标社会资本方组成的联合体和政府方出资代表共同出资设立。

二、合作内容

根据《海绵城市建设技术指南——低影响开发雨水系统构建（试行）》的通知（建城函［2014］275 号）的规定，海绵城市 PPP 项目的建设内容非常广泛，包括但不限于排水防涝设施、城镇污水管网建设、雨污分流改造、雨水收集利用设施、污水再生利用、漏损管网改造、绿地广场、湿地公园等各类子项目。

本 PPP 项目合作内容包括三亚市海绵城市试点区域内和试点区域外污水设施两部分的投融资、建设、运营和移交，估算总投资约 38 亿元人民币。其中：

（1）试点区域内建设内容主要包括管网建设（包括污水管网整治改造、污水提升泵站扩容及中水回用工程）、湿地与公园海绵化改造、河道综合整治、水质净化厂建设以及其他配套工程；

（2）试点区域外污水设施建设内容主要包括雨污水管网建设、泵站建设以及其他配套工程；

（3）运营维护内容主要包括污水管网、泵站、中水、湿地公园、河道、水质净化厂和道路海绵设施等。

三、合作期限

本 PPP 项目的合作期限为 23 年，包括建设期 3 年和运营期 20 年。建设期自政府方与社会资本方对建设施工界面的划分、交割完成之日起至项目整体完工验收合格之日止，运营期自项目整体完工验收合格次日起至合作期限届满之日。

因本 PPP 项目中子项目数量众多、各子项目的工程量差别较大且工期长短不一，将导致子项目已完工验收合格，但整体项目暂处于建设期的情形。为此，项目合同特别设置了临时运营维护期，即任一子项目完工验收合格次日起至项目整体开始运营之日止的期间。在临时运营维护期，因社会资本方已开始履行对子项目项目设施的运营维护责任，政府方将向社会资本方支付运营维护服务费。

四、前期费用

项目合同约定由政府方协调三亚市有关部门成立征拆指导小组，负责协调处理征地、拆迁、补偿及安置、管线迁改及办理与之相关的审批手续等相关事务性工作，确保项目如期开始建设并运营维护。本 PPP 项目的征地、拆迁、补偿及安置、管线迁改费用、工程勘察、设计费、各类报告的编制、论证、评审、评估费用、监理费、采购公证费、审计费等前期费用均列入工程建设其他费用，由社会资本方及时足额向政府方或政府方指定的第三方支付。

五、项目建设

（一）设计和监理

项目合同约定本 PPP 项目的方案设计、初步设计和施工图设计由社会资本方完成，其中施工图设计只允许由社会资本方中具有相应设计资质的单位承担，不允许外包和转包。如社会资本方无设计资质的，则社会资本方应依法选择具有专业资质的设计单位完成，在确定设计单位前需提前报政府方同意。项目合同同时约定施工图设计文件应经政府方批准，政府方应在收到设计文件后 15 个工作日内做出是否批准的决定。

项目合同约定监理单位由政府方依法选定，而监理费用则由社会资本方支付后计入建设项目总投资。

（二）工程建设和设备采购

项目合同约定本 PPP 项目建设采用施工总承包的形式进行。如社会资本方具有相应的施工总承包资质，则经政府方和有关政府部门审批同意后，社会资本方可直接承担施工任务。否则，社会资本方必须依法通过招标程序选择施工总承包商，并接受政府方和有关政府部门的监督。

项目合同约定社会资本方负责依法采购本 PPP 项目建设所需要的一切永久性或临时性的设备、材料及其他物品，选择有资质的机构作为本 PPP 项目的设备供应商。如社会资本方具有生产某种设备的资质、能力，则经政府方和有关政府部门审批同意后，社会资本方可直接作为该种设备的供应商。社会资本方在采购主要材料、设备前应将拟采购的材料、设备的详细资料，包括但不限于材料设备的型号、规格、技术参数、供应商名称及其相关情况以及采购价格等提交政府方审查。政府方可在约定期间（收到上述资料之日起 10 工作日内）对社会资本方提交的上述材料提出异议，逾期未提出异议，则视为政府方审查同意。

（三）验收和审计

鉴于本 PPP 项目中包含多个子项目，项目合同约定任一子项目具备工程完工验收条件后，社会资本方可向政府方和有关政府部门申请完工验收。政府方和有关政府部门应参与任一子项目的完工验收。

项目合同约定了政府方审计部门或由政府方委托的第三方审计单位对任一子项目进行跟踪审计，并在任一子项目完工验收合格后进行结、决算审计，决算审计结果作为确定项目总投资的依据。

六、项目运营维护

项目合同约定在运营维护期内由社会资本方负责项目设施的运营维护，并需满足绩效考核体系的要求。社会资本方可将运营维护服务外包给第三方，但社会资本选定或更换运营维护承包商须事先取得政府方的书面同意，按照经政府方事先书面认可的遴选方式、资格条件、业绩要求选择，并将选择结果报政府方备案。

此外，项目合同中还约定，政府方对第三方运营维护承包商的认可并不解除社会资本方在合同项下的任何义务，社会资本方仍应对运营维护承包商、代理人或由其直接或间接雇用的任何人的任何作为或不作为对政府方承担完全的责任。

七、运营维护绩效考核

住房城乡建设部《海绵城市建设绩效评价与考核办法（试行）》（办城函［2015］635 号）将海绵城市建设绩效评价与考核指标分为水生态、水环境、水资源、水安全、制度建设及执行情况、显示度六个方面，提出了 6 大类别 18 项考核指标。本 PPP 项目在设置绩效考核指标时，在充分考虑上述规定的指标体系基础上，结合了本 PPP 项目建设和运营的具体内容对绩效考核指标进行了分类细化。

项目合同约定市住建局、水务局和园林管理局分别作为污水管网及道路海绵设施、水体修复及水质净化以及湿地绿地提升改造 3 大类运营维护内容的绩效考核主体，分别组织实施或聘请第三方机构对社会资本方的运营维护情况每季度进行一次常规考核。常规考核结果统一汇总至住建局（即项目合同签约的政府方），由住建局再根据绩效考核结果向市财政局提交运营维护服务费的付费申请。

项目合同约定常规考核结果与运营维护服务费的支付相挂钩，即：实际运营维护服务费 = 应付运营维护服务费 × 绩效考核系数。住建局、水务局和园林管理局采取相同的绩效考核系数，具体标准如下：

常规考核结果	实际的运营维护服务费
考核总分在 [85,100] 区间	应付运营维护服务费的 100%
考核总分在 [80,85）区间	应付运营维护服务费的 90%
考核总分在 [70,80）区间	应付运营维护服务费的 80%
考核总分在 [60,70）区间	应付运营维护服务费的 70%
考核总分在 60 分以下	应付运营维护服务费的 50%

项目合同设置了“联动考核”的机制，即住建局、水务局和园林管理局的任一常规考核结果 <70 分时，政府方可暂不支付该期所有子项目的运营维护服务费，直至三个绩效考核部门的常规考核结果全部≥ 70 分时再予以一并支付，其中，原运营维护服务费按原考核结果确定，新一期运营维护服务费按最新一期考核结果确定。如连续两次出现三个绩效考核部门中任一常规考核结果 <70 分的情况时，政府方有权提取履约保函或提前终止项目合同。

八、项目回报机制

项目合同约定政府方在合作期限内向社会资本方支付的服务费包括可用性服务费和运营维护服务费。

（一）可用性服务费

项目合同约定，可用性服务费是指社会资本方为本 PPP 项目建设符合适用法律及合同约定的初步验收标准的公共资产之目的投入的资本性总支出而需要获得的服务收入。

可用性服务费主要包括社会资本方的项目建设总投资和合理回报，具体计算公式为：

第 n 年可用性服务补贴支出 =

$$\frac{\text{项目公司的建设总投资} \times (1+\text{合理利润率}) \times (1+\text{年度折现率})^n}{\text{财政运营补贴周期（年）}}$$

其中：（1）项目公司的建设总投资为建设工程项目总投资减去建设专项资金；（2）n 代表运营期折现年数；（3）合理利润率和年度折现率分别不高于某一固定值（以社会资本方投标报价的数值为准）。

（二）运营维护服务费

项目合同约定，运营维护服务费为社会资本方为维持本 PPP 项目可用性之目的提供的符合本 PPP 项目规定的绩效标准的维护管理而需要获得的服务收入，主要包括在项目范围内的维护管理成本、税、费及必要的合理回报。

运营维护服务费采用以下两种方式进行计算：

1. 达到正常使用标准的日常运行维护管理的费用，采用“固定综合单价”方式计算，即：

运营维护服务费 =Σ 运营维护综合单价 × 运营维护数量 ×（1—运营维护服务费下浮率）

其中：（1）运营维护数量根据运营维护对象的不同而不同，如污水、雨水管网、车行道指需运维的公里数，公园绿地景观类指需运维的面积，具体数量由各子项目完工验收合格后由政府方确定，并经政府方批准后可根据实际运营维护内容予以调整；（2）运营维护服务费下浮率为固定值，数值以社会资本方投标报价为准；（3）运营维护综合单价，根据三亚市定额标准就污水管网、雨水管网、车行道、公园绿地景观类、行道树和人行道分别确定，并在项目合同予以明确约定。

2. 当年度预计发生的大修或与本 PPP 项目运营有关的重要设施及设备日常维养外的额外维护维修甚至重置方案及费用，则由政府方进行评估并进行书面批准后据实支付。

九、专项资金支持

《关于开展中央财政支持海绵城市建设试点工作的通知》（财建［2014］838 号）规定："财政部、建设部、水利部将推进中央财政支持的海绵城市试点工作，中央财政对海绵城市建设试点给予专项资金补助，一定三年，具体补助数额按城市规模分档确定，直辖市每年 6 亿元，省会城市每年 5 亿元，其他城市每年 4 亿元。对采用 PPP 模式达到一定比例的，将按上述补助基数奖励 10%。"

项目合同约定由政府方负责申请本 PPP 项目的中央财政海绵城市建设专项资金、海南省级配套补助资金以及市级财政资金，并承诺在上述专项资金到位后及时拨付给社会资本方，社会资本方需按相关要求专款专用。如在建设期争取到上述专项资金的，上述专项资金不影响项目总投资的确定，但在计算可用性服务费时应从项目总投资中予以扣减。如在运营期争取到上述专项资金的，则作为支付可用性服务费和运营维护服务费的资金来源。

十、违约、提前终止及移交

（一）违约

项目合同分别约定了政府方和社会资本方违约的情形及赔偿责任，主要包括：（1）政府方违约：在本合同中作出的任何声明被证明在作出时不属实或有严重错误、政府方延迟支付可用性服务费和运营维护服务费等；（2）社会资本方违约：在本合同中所作出的任何声明被证明在作出时不属实或有严重错误、注册资本未按时到位、建设期延误、运营维护绩效考核不达标及逾期移交项目资产等。在上述违约情形下，违约方因自身的违约行为给对方造成损失的，应当予以赔偿。此外，因不可抗力或者一方严重违约，致使合同双方无法继续开展合作，且在合同约定的期限内未能得到纠正或未通过协商得到解决的，则会导致项目合同提前终止。

（二）提前终止

项目合同约定了因双方严重违约或因法律变更、宏观政策、不可抗力等情形导致提前终止的情形，并明确了不同情形下提前终止的补偿标准。同时，项目合同还明确约定，政府方支付提前终止补偿金的前提为社会资本方已经完成债务清理，且需保证相应的项目设施或资产不存在任何权利瑕疵或任何请求权。

（三）移交

项目合同约定的移交主要是指合作期限届满的移交，且上述移交不应附带任何负债或违约、侵权责任，不应设有任何抵押、质押等担保权益或产权约束，亦不得存在任何种类和性质的索赔权。本 PPP 项目合作期届满前的十二个月作为过渡期，由政府方和社会资本方共同成立移交委员会负责移交的相关事宜。在移交日，社会资本方应保证项目设施处于良好的管理和运营维护状况（正常损耗除外）、处于正常使用状态、符合适用法律和本 PPP 项目合同所规定的安全、质量和环境等有关标准。

项目合同还约定在移交日前一年，社会资本方应对项目设施进行一次恢复性大修。恢复性大修应在行业主管部门的监督下，由双方共同组织验收。恢复性大修应不迟于移交日前六个月完成，具体时间和内容应于移交日前由移交委员会核准。

第二十二章 TOT 项目 PPP 项目合同分享

TOT 是 PPP 项目的运作方式之一。根据《政府和社会资本合作模式操作指南（试行）》（财金［2014］113 号），TOT（Transfer-Operate-Transfer），是指政府将存量资产所有权有偿转让给社会资本或项目公司，并由其负责运营、维护和用户服务，合同期满后资产及其所有权等移交给政府的项目运作方式。合同期限一般为 20—30 年。

目前我国鼓励运用 PPP 模式盘活基础设施存量资产。在《国家发展改革委关于加快运用 PPP 模式盘活基础设施存量资产有关工作的通知》（发改投资［2017］1266 号）中提到"各地要根据当地实际情况和项目特点，积极探索、大胆创新，灵活运用 PPP 模式，规范有序盘活基础设施存量资产"。"对拟采取 PPP 模式的存量基础设施项目，根据项目特点和具体情况，可通过转让营—运营—移交（TOT）、改建营—运营营—移交（ROT）、转让营—拥有营—运营（TOO）、委托运营、股权合作等多种方式，将项目的资产所有权、股权、经营权、收费权等转让给社会资本"。

在《关于组织开展第四批政府和社会资本合作示范项目申报筛选工作的通知》（财金［2017］76 号）中提到，"鼓励规范运用 PPP 模式盘活存量公共服务资产，吸引社会资本参与运营，提高公共服务供给质量和效率"。

本篇将以本所参与的某市政污水处理厂 TOT 项目（以下简称"本 PPP 项目"）为案例进行 TOT 项目 PPP 项目合同（以下简称"PPP 项目合同"）

的要点解析分享。

一、TOT 项目 PPP 项目合同体系

在 PPP 项目中，项目参与方通过签订一系列合同来确定和调整彼此之间的权利义务关系，构成 PPP 项目的合同体系。PPP 项目的合同通常包括 PPP 项目合同、股东协议、履约合同（包括工程承包合同、运营服务合同、原料供应合同、产品或服务购买合同等）、融资合同和保险合同等。其中，PPP 项目合同是整个 PPP 项目合同体系的基础和核心。在 TOT 项目中，因涉及存量资产所有权（经营权）的转让，因此项目合同体系还包含《资产（经营权）转让协议》。

本 PPP 项目为市政污水处理厂项目，因此包含以下合同：《PPP 项目合同》《特许经营权授权书》《经营权转让协议》《污水处理服务协议》《股东协议》《章程》，合同结构见下图：

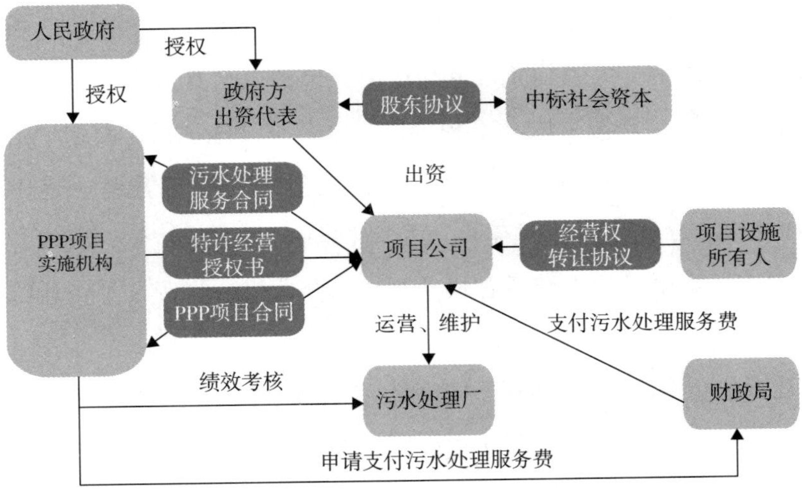

下面我们将着重就《PPP 项目合同》《特许经营权授权书》《经营权转让协议》《污水处理服务协议》中的要点进行解析和分享。

二、PPP 项目合同要点解析

（一）合作内容

PPP 项目合同约定了合作内容：在合作期限内，由社会资本方对设计能力为 20 万立方米 / 日的污水处理厂及其设施（以下简称“项目设施”）进行运营、维护并提供污水处理服务，收取相应的污水处理服务费，合作期限届满后社会资本方将项目设施无偿移交给政府方或其指定机构。

本 PPP 项目的合作内容仅限于红线范围内的污水处理厂及相关设施，而不包含厂外管网。

（二）合作期限

PPP 项目合同约定了合作期限：本 PPP 项目的合作期限为 30 年，自项目设施正向移交日起算。

实践中合作期限起始日期的约定各有不同，有的自 PPP 项目合同签订之日起计算，有的自开工日起计算，有的从运营开始日开始计算。需要注意的是，在 TOT 项目中由于在签订 PPP 项目合同以后，运营期开始之前，社会资本方有义务根据 PPP 项目合同的约定完成项目公司的设立、融资交割、就接收项目设施与政府方进行前期的准备协调工作，并在移交准备工作就绪以后进行项目设施的移交，而社会资本方只有在项目设施正向移交日以后方能开展对项目设施的运营、维护工作。因此在这种情况下，若双方约定在 PPP 项目合同签订之日起算合作期限，会缩短社会资本方实际对项目设施的运营、维护期间，因此本 PPP 项目中约定合作期限自项目设施正向移交日起算。

（三）前提条件

PPP 项目合同约定了前提条件：在 PPP 项目合同生效后，双方应开始履行并完成一定的前提条件或获双方一致同意免除后，方有义务履行PPP项目合同项下的其他内容。

前提条件除包括常规的设立项目公司、完成注册资本缴付、签署补充协议、完成融资交割以外，还结合本PPP项目运作方式为TOT的特点，将签订《经营权转让协议》《污水处理服务协议》并完成正向移交作为前提条件。

另外，由于前提条件的完成时间将直接影响社会资本方实际进入运营期（开始收费）的时间，在PPP项目合同中还约定了前提条件的完成期限，以此督促各方尽快完成前提条件。期限届满未能完成且未被免除的，任何一方有权终止PPP项目合同。

（四）经营权转让

PPP项目合同约定：项目公司成立后，项目公司应与项目设施所有权人签订《经营权转让协议》，以约定污水处理厂经营权转让的各项相关事宜。

（五）项目运营与维护

PPP项目合同约定：项目公司成立以后，项目公司应与本PPP项目实施机构签订《污水处理服务协议》，以明确污水处理服务中的各项相关事宜。

（六）提前终止及补偿

PPP项目合同约定了提前终止的情形：除常规的前提条件未能实现、法律变更或政府行为、不可抗力、违约行为以外，还结合本PPP项目运作方式为TOT的特点，将《经营权转让协议》或《污水处理服务协议》提前终止、《特许经营权授权书》中的特许经营权提前终止或被撤销作为提前终止的情形，以使这些协议形成一个体系并相互关联。

PPP项目合同还约定了提前终止补偿金的计算，除常规的提前终止补偿金计算公式以外，针对本 PPP 项目的特殊性，并统筹考虑其他几个协议提前终止的衔接问题，就补偿金的计算作出如下约定：（1）因可归责于项目设施所有人原因导致《经营权转让协议》提前终止的，视为政府方在 PPP 项目合同项下的违约行为计算终止补偿金；（2）政府方最终支付给项目公司的金额应将提前终止补偿金与 PPP 项目合同提前终止前一方由于其此前的违约行为应对另一方承担的赔偿责任共同计算予以确定，该等赔偿责任包括 PPP 项目合同、《经营权转让协议》《污水处理服务协议》等中的赔偿责任；（3）因前提条件未能实现或项目公司未能根据《特许经营授权书》的约定支付特许经营权费而导致 PPP 项目合同提前终止的，违约方（如项目资产所有人违约，则由政府方代为支付）应向另一方支付违约金／补偿金（金额省略），在这种情况下政府方无须根据提前终止补偿金计算公式向项目公司支付终止补偿金。

三、特许经营授权书要点解析

（一）特许经营授权书的意义和背景

根据行政诉讼法的规定，特许经营协议已被归类为行政协议的范畴，而 PPP 项目合同则更侧重合同双方作为平等民商事合同主体的属性，污水处理项目属于传统特许经营领域，为了避免采用一个模式而不采用另一个模式的尴尬局面，充分保护合同各方的权利，最终决定以 PPP 作为主模式同时兼顾特许经营的架构来实施项目，即由政府方与社会资本方签订 PPP 项目合同，同时由政府方以特许经营授权书的方式授予项目公司对污水处理项目的特许经营权。

（二）特许经营授权书的主体

特许经营授权书由 PPP 项目实施机构作为授权人，中标社会资本方与政府方出资代表成立的项目公司为被授权人。

（三）特许经营权的内容

特许经营授权书授予被授权人从事污水处理厂污水处理业务，包括对污水处理厂及其项目设施进行运营、维护的权利；提供污水处理服务以取得污水处理服务费的权利；根据PPP项目合同的约定并经授权人批准的与污水处理厂污水处理相关的其他业务。

（四）特许经营权的期限

特许经营授权书规定：特许经营期限为30年，起止日期与PPP项目合同项下约定的合作期限起止日期相同。

（五）特许经营权费

1. 约定特许经营权费的背景

在本PPP项目中，为了合理规避经营权转让所涉高额税金及便于财政统一筹划资金使用，项目经营权转让价款最终确定由财政部门以特许经营费的名义收取，主要依据是《财政部关于加强政府非税收入管理的通知》（财综［2004］53号）中政府非税收入管理范围中的“国有资源有偿使用收入”。

但是根据相关法律规定，特许经营费应归类为行政许可收费，而行政许可收费仅可由法律和行政法规来规定，在特许经营授权书中规定行政许可收费是没有充分的法律依据的。如果TOT项目资产流转环节税收的减免政策出台，那么这种收费方案规划完全可以不必再采用。

2. 特许经营权费的定价

前面提到特许经营权费实为经营权转让价款。根据企业国有产权转让的相关适用法律，无论是资产转让还是经营权转让，都需要对国有资产进行评估并在产权交易所采用招拍挂的方式竞争转让价格。然而，出于本